CHRISTA HOLTEI | TILMAN MICHALSKI

DAS GROSSE FAMILIENBUCH DER FESTE UND BRÄUCHE

Das große Familienbuch der

Feste und Bräuche

CHRISTA HOLTEI

Mit Illustrationen von

TILMAN MICHALSKI

sauerländer

Inhalt

Feste feiern!

Dieses Buch erzählt über Feste. Es erzählt auch darüber, wie und warum man Feste feiert. Jeder weiß meistens genau, was dafür wichtig ist. Im Dezember könnt ihr zum Beispiel überall Weihnachtsbäume sehen. Bestimmte Dinge gehören eben einfach zu einem Fest dazu. Das kommt daher, dass es die Feste schon so lange gibt und dass es Brauch geworden ist, sie jedes Jahr auf die gleiche Weise zu feiern.

KIRCHLICHE FESTE

Schon seit dem 4. Jahrhundert nach Christus werden Kirchenfeste wie Weihnachten und Ostern gefeiert oder Heiligenfeste wie St. Martin und das Dreikönigsfest. Seit 1 600 Jahren haben sie ihren festen Platz im Jahr.

WELTLICHE FESTE
(lateinisch: dies feriae = Feiertag)
Das Wort Ferien hat auch damit zu tun.

Man nennt sie oft lieber Feiertag, weil man an diesem Tag frei hat. Feiern ist ein altes Wort für »frei haben« im Gegensatz zu »arbeiten«.
Zu den weltlichen Feiertagen gehört in jedem Land der Nationalfeiertag. Wir feiern den »Tag der Deutschen Einheit« jedes Jahr am 3. Oktober.

PERSÖNLICHE FESTE

Das sind (fast) die besten Feste, denn dabei geht es ganz allein um euch: um euren Geburtstag oder um euren ersten Schultag. Manchmal nennt man persönliche Feste auch »Jahrestag« wie den Hochzeitstag, oder »Jubiläum, Jubeltag« wie das 25-jährige Berufsjubiläum.
Persönliche Feste sind auch die »Nur-so-Feste« – wenn euch etwas Schwieriges gelungen ist oder wenn ihr krank im Bett gelegen habt und zum ersten Mal wieder aufstehen dürft. Wenn ihr genug Ideen habt, dann könnt ihr viele solcher Nur-so-Feste feiern.

SONNTAG, SABBAT, AL-DSCHUM'A

Jede Religion hat einen besonderen Feiertag in der Woche. Im Christentum ist es der Sonntag, an dem der Auferstehung Christi gedacht und mit Gottesdiensten in der Kirche gefeiert wird. 321 n. Chr. wurde der Sonntag unter Kaiser Konstantin I. zum arbeitsfreien Tag, an dem nur die Bauern arbeiten durften. Im 15. Jahrhundert galt es als Todsünde, an diesem Tag zu arbeiten, es durften keine Hochzeiten abgehalten werden und es herrschte »Friedenspflicht«, das heißt, kriegerische Auseinandersetzungen mussten ruhen.

(hebräisch Sabbat = »Ruhetag«)

Der jüdische Sabbat ist das Vorbild für unseren Sonntag. Die Juden feiern diesen heiligen Tag an unserem Samstag. Am Sabbat wird nicht gearbeitet, aber in der Synagoge gebetet und mit der Familie ein reiches Mahl gegessen.

(arabisch Al-dschum'a = »Tag der Versammlung«)

Al-dschum'a ist unser Freitag. Das Hören der *chutba* (Predigt) in der Moschee und das gemeinsame Gebet sind Pflicht für jeden gläubigen Muslim.

Jahr und Tag

Vielleicht habt ihr schon gemerkt, dass etwas ganz wichtig ist für fast alle Feste und Feiertage. Sie wiederholen sich jedes Jahr. In einem Kalender kann man genau herausfinden, an welchem Tag im Jahr ein Fest gefeiert wird.

KALENDER

(lateinisch Calendae = 1. Tag im Monat)

Unser Kalender stammt von den Römern. Er teilt die Zeit ein und richtet sich nach den Bewegungen der Gestirne. Ein ganzes Jahr dauert es, bis sich die Erde einmal um die Sonne gedreht hat. Der Mond braucht einen Monat, um sich einmal um die Erde zu drehen. Und die Erde dreht sich einen Tag lang einmal um sich selbst. Unser Sonnenjahr ist in 12 Monate, 52 Wochen und 365 Tage eingeteilt.

MONATE

(lateinisch septem = sieben)

Bei den Römern begann das Jahr mit dem Frühling und dem Monat *Martius* (März) und endete mit dem *Februarius* (Februar). Unser neunter Monat zum Beispiel heißt September, weil er im römischen Jahr der siebte Monat war. Ab 150 v. Chr. war der Januar der erste Monat im römischen Jahr.

WOCHENTAGE

Obwohl die Feste sich jedes Jahr wiederholen, fallen sie auf unterschiedliche Tage. Weihnachten ist am 25. Dezember, aber nicht immer am gleichen Wochentag. Ostern dagegen wird an einem Sonntag gefeiert, hat aber jedes Jahr ein anderes Datum.

DAS MONDJAHR

Es gibt noch viel ältere Zeitrechnungen als unsere. Schon im alten Ägypten feierte man religiöse Feste nach dem Mondjahr. Die Monate des Mondjahres haben 29 oder 30 Tage. So lange dreht sich der Mond einmal um die Erde. Ein Mondjahr hat also nur 354 Tage. Noch heute rechnet man so in der jüdischen Religion, aber damit die Feiertage in die vorgeschriebenen Jahreszeiten fallen, gibt es zusätzliche Schaltjahre mit einem 13. Monat. Muslimische Feste richten sich nach dem reinen Mondjahr ohne Schaltjahr und werden deshalb jedes Jahr auf unser Sonnenjahr neu umgerechnet.

MACH MIT: MONATSNAMEN

Könnt ihr euch merken, wie die Monate heißen und wie viel Tage sie haben? Das ist ganz einfach. Wenn ihr eure Hände zur Faust ballt, dann seht ihr ganz deutlich die Knöchel hervorstehen und dazwischen die Lücken. Jeder Knöchel und jede Lücke trägt einen Monatsnamen. Die Monate auf den Knöcheln haben 31 Tage, die Monate in den Lücken nur 30. Der Februar hat als einziger 28 Tage und alle vier Jahre in einem »Schaltjahr« 29 Tage.

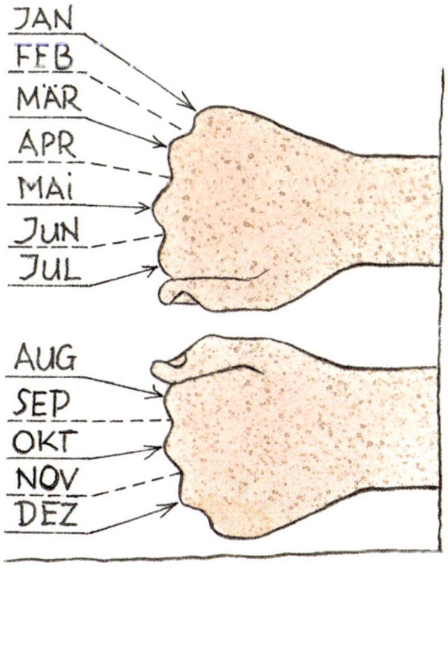

Der Januar ist der erste Monat im Jahr. Er ist nach dem römischen Gott Janus benannt. Janus war der Beschützer der Stadttore und der Gott des Ausgangs und des Eingangs. Mit seinen zwei Gesichtern kann er gleichzeitig nach hinten und nach vorne blicken, also in die Vergangenheit und in die Zukunft. Er steht an der Schwelle (lat. *ianua*) zu einem neuen Jahr.

NAMEN
FÜR DEN JANUAR

Alte deutsche Namen für den Januar sind Wintermond, Schneemonat, Eismonat oder »Tür des Jahres«. Jänner heißt er immer noch in Österreich. Hartung wurde er auch genannt, weil er der »härteste« Monat des Jahres ist. Mit viel Eis und Schnee ist er oft der kälteste Monat, deshalb sind seine Zeichen auch der Schneemann, das Eiskristall und die Schneeflocke.

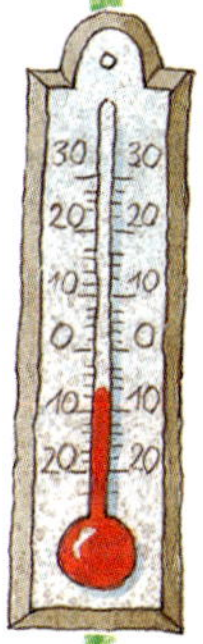

Von allen Monaten im Jahr
heißt der schlimmste Januar.

Anfang und Ende vom Januar
zeigen das Wetter fürs ganze Jahr.

Ein kalter Januar
bringt ein gutes Jahr.

DIE NATUR
IM JANUAR

Meistens beginnt um Neujahr herum die erste große Winterkälte. Mit viel Glück können Kinder dann auch im Flachland Schlitten fahren!
Und wenn ihr morgens früh aufsteht – so um sieben Uhr –, dann könnt ihr am dunklen Nachthimmel noch den Mond stehen sehen. Er sieht im Januar viel heller und kälter aus als im Sommer. Eulen und Waldkäuzchen könnt ihr durch die kalte Dunkelheit rufen hören.
Trotzdem blühen schon Pflanzen! Der Winterjasmin lässt sich von der Kälte nicht abschrecken und steckt seine gelben Blüten sogar durch den Schnee.

1. Januar: Neujahr

EIN NEUES JAHR!
»Prosit Neujahr!«, rufen wir aus. Das neue Jahr bringt Glück ins Haus!

Das neue Jahr wird schon immer mit viel Getöse gefeiert: Feuerwerk, Böller, Glockengeläut, Schiffssirenen, Hupen und Schreien sollen das alte Jahr vertreiben und das neue Jahr begrüßen. Heute schalten viele Leute das Fernsehen ein und achten darauf, genau um 12 Uhr nachts mit Sekt anzustoßen und sich ein glückliches neues Jahr zu wünschen. In früheren Zeiten ging der Nachtwächter durch die Straßen und hatte sein stündliches Lied ein wenig geändert:

Hört, ihr Leut, und lasst euch sagen:
Unsre Glock' hat zwölf geschlagen!
Das alte Jahr ist vergangen,
Das neue hat angefangen.
Wir wünschen allzugleichen,
Den Armen wie den Reichen,
Wir wünschen euch allzumal
Ein glückseliges neues Jahr!

GLÜCKSBRINGER
Ein Tipp:
Streitet euch nicht am Neujahrstag, sonst streitet ihr euch das ganze Jahr!

Glücksschweine, Glücksklee, Hufeisen, Neujahrsbrezeln und Neujahrsgebäck werden an Freunde verschenkt. Figürchen von Schornsteinfegern sind auch solche Glücksbringer. Früher gingen Schornsteinfeger und Kaminkehrer am Neujahrstag von Haus zu Haus und bekamen ihren Jahreslohn. Dabei überreichten sie noch bis vor kurzem ein Kalenderblatt mit einem Glückwunsch für das neue Jahr.

Sprüche oder Gedichte oder einfach nur einen gedruckten Glückwunsch auf einer Karte verschenken die Menschen schon seit dem 15. Jahrhundert. Das war möglich, weil Johannes Gutenberg (1400–1468) in diesem Jahrhundert die Druckerpresse erfunden hat. Plötzlich konnte man in kürzester Zeit unzählige Male den gleichen Text herstellen und musste ihn nicht mehr mühsam mit der Hand schreiben.

NEUJAHRSPOST
Es ist ein schöner Brauch, Neujahrskarten zu verschicken.

Warum soll man eigentlich ins neue Jahr rutschen? »Einen guten Rutsch« wünscht man sich, aber das hat nichts damit zu tun, dass draußen vielleicht Schnee liegt. *Rosch ha-Schana* ist das hebräische Wort für das jüdische Neujahrsfest. So gut wie der Jahresanfang soll das ganze Jahr werden. Im Deutschen hat sich *Rosch* in »Rutsch« verwandelt.

NEUJAHRSWÜNSCHE

Im Herbst – meist im September unseres Kalenders – feiern die Juden zwei Tage lang ihr Neujahrsfest. Und weil sie einen anderen Kalender haben als die Christen, beginnt zum Beispiel in unserem Jahr 2006 das jüdische Jahr 5767.

ROSCH HA-SCHANA
(= Kopf des Jahres)

Der erste Tag des ersten Monats im islamischen Jahr wird nicht gefeiert. Er erinnert an die Übersiedlung Mohammeds von Mekka nach Medina im Jahr 622 n. Chr. Im islamischen Mondjahr beginnt jeder Monat erst dann, wenn der neue Mond zum ersten Mal gesichtet worden ist. So weiß man auch den Jahresanfang erst kurz vorher. Weil das Mondjahr kürzer ist als unser Sonnenjahr, wandern die Feste sozusagen »rückwärts« durch unseren Kalender. Der Neujahrstag für das islamische Jahr 1427 ist voraussichtlich der 31. Januar 2006.

1. MUHARRAM
(Muhammad = »der Gepriesene«, Stifter des Islam)

ASCHURA

Am Aschura-Tag, dem Versöhnungsfest am zehnten Tag nach dem islamischen Neujahrstag, soll vieles geschehen sein, das wir aus der Bibel kennen: Adam wurde erschaffen, Abraham sollte seinen Sohn Isaak opfern, durfte ihn aber durch einen Widder ersetzen und Noah verließ nach der Sintflut die Arche. In der Türkei wird an diesem Tag die Süßspeise *Aschure* gekocht. Sie stellt das erste Essen auf dem Berg Ararat aus den Nahrungsresten dar, die Noah noch in der Arche fand.

MACH MIT: TÜRKISCHE ASCHURE

Zutaten: 200 g Mais, 250 g weiße Bohnen, 250 g Rosinen, 500 g geschlagener Weizen (dögme bugday), 250 g Haselnüsse, 250 g Walnüsse, 250 g Kichererbsen, 250 g getrocknete Feigen, 1 Granatapfel, 1 Quitte, 50 g Pinienkerne, 250 g Zucker und ca. 50 g Schlagsahne, Salz, Sesam, geriebene Nelken.

So geht's: Den Weizen einen Tag in Wasser einweichen, dann ca. eine Stunde lang in dem Wasser kochen. Haselnüsse, Walnüsse und Feigen zerkleinern. Rosinen in einem Topf kochen, bis sie wieder voll Wasser gesogen sind. Die Quitte schälen, entkernen und zerschneiden. Den Granatapfel schälen und in Scheiben zerlegen.
Den gekochten Weizen in ca. 3 Liter Wasser zusammen mit Mais und Nüssen erwärmen. Wenn das Wasser kocht, alle weiteren Zutaten (außer dem Granatapfel) und Gewürze dazugeben. Nach ca. 15 Minuten erkalten lassen, auf Teller verteilen und mit Granatapfelscheiben verzieren.

6. Januar: Dreikönige

EPIPHANIAS
(epiphania domini = Erscheinung des Herrn)

Das Fest der Heiligen Drei Könige ist eines der ältesten Kirchenfeste, das wir kennen. Es heißt auch Epiphanie und wurde schon um 300 n. Chr. als Fest der Geburt und Taufe Jesu begangen. Darum feiert die orthodoxe russische Kirche ihr Weihnachtsfest heute immer noch am 6. und 7. Januar.

Bei uns ist der 6. Januar der letzte Tag des Weihnachtsfestes. Das Evangelium berichtet, dass Weise oder Sterndeuter aus dem Morgenland nach Bethlehem kamen, weil sie einem sonderbaren Stern gefolgt waren. Eine solche Erscheinung am Himmel musste etwas Besonderes bedeuten! Sie fanden das Kind in der Krippe und erkannten den Sohn Gottes, den neuen König der Juden. Die Gaben der Weisen waren das Kostbarste, was es in jener Zeit gab: Gold, Weihrauch und Myrrhe. So erzählt es der Evangelist Matthäus (Mt. 2,1–12). Und weil er von drei verschiedenen Gaben spricht, hat man daraus geschlossen, dass es auch drei Weise waren, die nach Bethlehem gekommen sind. Später gab man ihnen Namen und machte sie zu Königen.

DIE DREI WEISEN

Seit dem 8. Jahrhundert heißen sie Caspar *(persisch = Schatzbewahrer)*, Melchior *(hebräisch = Lichtkönig)* und Balthasar *(babylonisch = Gott schütze den König)*.

Kaiser Friedrich I. Barbarossa (1122–1190) hatte 1162 Mailand erobert und zerstört. Seinem Kanzler, dem Erzbischof von Köln, überließ er die in Mailand geraubten Reliquien (Gebeine) der Heiligen Drei Könige. 1164 wurden sie nach Köln gebracht, wo für sie ein goldener Schrein gefertigt wurde. Caspar, Melchior und Balthasar wurden zu Vorbildern der deutschen Könige und Kaiser, die nach ihrer Krönung nach Köln pilgerten und an ihrem Schrein beteten.

DREIKÖNIGSSCHREIN

Die Weisen sind die Patrone der Reisenden und Pilger. Daher heißen Gasthäuser oft »Krone«, »Stern« und »Drei Könige«.

Als Weise aus dem Morgenland verkleidet zogen Schüler und Gesellen von Haus zu Haus und baten mit einem Dreikönigslied um Gaben für ihren Bettelsack. Einer von ihnen trug einen Stern. Seit etwa 1950 werden Kinder als Sternsinger ausgesandt, um für die Kinder der Dritten Welt zu bitten. Sie schreiben ihren Segensspruch über die Haustür: die Jahreszahl und C + M + B. Es bedeutet »**C**hristus **M**ansionem **B**enedicat« (Christus segne dieses Haus).

STERNSINGER

Es ist für uns eine Zeit angekommen

Text: Paul Herrmanns
Melodie: altes Sterndreherlied

2. Es schlafen Bächlein und See unterm Eise,
es träumt der Wald einen tiefen Traum.
Durch den Schnee, der leise fällt,
wandern wir, wandern wir durch die weite, weiße Welt.

3. Vom hohen Himmel ein leuchtendes Schweigen
erfüllt die Herzen mit Seligkeit.
Unterm sternbeglänzten Zelt wandern wir,
wandern wir durch die weite, weiße Welt.

STERNDREHER

Die Sternsinger hatten früher nicht nur ihren Bettelsack, sondern auch einen drehbaren Stern dabei. »Sterndreherlieder« hießen ihre Lieder daher, wie dieses aus der Schweiz.

DREIKÖNIGSSPIELE

Weil es das Dreikönigsfest schon so lange gibt, sind auch die Bräuche dieses Festes sehr alt. Seit dem 10. Jahrhundert spielte man den Besuch der Weisen aus dem Morgenland am Dreikönigstag in der Kirche nach. Später wurde dieses Stück biblischer Geschichte nicht nur von Menschen aufgeführt, sondern war auch als Puppenspiel sehr beliebt. Und weil Caspar immer derjenige war, der die witzigsten Bemerkungen machte, bekam er schließlich als Kasperle seine eigene Rolle im Puppentheater.

BOHNENKÖNIG UND KÖNIGSSPIEL

Wenn jemand seine Rolle nicht richtig spielt, bekommt er in Holland einen schwarzen Rußstrich ins Gesicht.

In Frankreich, Holland, Spanien und England wird heute noch am 6. Januar ein Spiel aus dem 13. Jahrhundert gespielt. In einen Königskuchen wird eine schwarze Bohne gebacken (manchmal auch noch eine weiße für die Königin) und wer diese Bohne beim Essen findet, ist an diesem Tag König des Festes. Beim Königsspiel kann der König außerdem noch seinen Hofstaat bestimmen und einen ganzen Tag lang müssen alle ihre Rollen als Ratgeber oder Arzt, Mundschenk oder Hofnarr spielen.

PERCHTENLAUF

Als Frau Harke oder Frau Gode erscheint die Perchta in Norddeutschland und als Frau Holle schüttelt sie die Betten und lässt es schneien.

In den Alpenländern vertreibt man am 6. Januar die Dunkelheit und den Winter mit der »Perchta«. Man glaubt, dass sie eine Schar teuflischer Wesen anführt und besonders in der Nacht vor dem Dreikönigstag ihr Unwesen treibt. Gestalten in dicken Fellen und mit Holzmasken vor dem Gesicht lärmen also beim Perchtenlauf mit viel Geschrei, Glocken, Ketten und Ruten durch die Dörfer. Und manchmal geht die böse Perchta allein umher. In Felle vermummt und eine hässliche Holzmaske vor dem Gesicht rüttelt sie an jeder Tür und fragt alle Kinder, ob sie auch brav waren.

BEFANA
(von Epiphania)

Die Befana ist eine (gute) Hexe und kommt in Italien auf ihrem Besen durch den Kamin, um den Kindern am Dreikönigstag kleine Geschenke oder Süßigkeiten in ihre Schuhe zu stecken. Wer nicht brav war, findet ein Stück Kohle.

Weil die Befana immer durch den Kamin rutschen muss, hat sie ein rußiges Gesicht und fleckige Kleidung. Der Legende nach hatte die Befana von der Geburt des Christkindes gehört und wollte dem Stern von Bethlehem folgen. Sie brach aber zu spät auf und fand den Stern nicht mehr. Daher bringt sie jedes Jahr allen Kindern Geschenke, denn eines könnte ja das Christkind sein!

22. Januar: Tag des heiligen Vinzenz

DER SCHUTZHEILIGE DER VÖGEL
Vinzenz ist auch der Patron (Beschützer) der Töpfer, Winzer und der Seeleute.

Der heilige Vinzenz war ein Märtyrer, das heißt, er ist für seinen christlichen Glauben gestorben. Das war um 304 v. Chr. bei einer Christenverfolgung durch den römischen Kaiser Diokletian. Aber schon bald erzählten sich die Menschen, dass zwei Raben Vinzenz' Leichnam beschützten und man ihm nicht zu nahe kommen durfte. Im Mittelalter und noch lange danach feierte man diesen Tag als »Vogelhochzeit«. Und wenn ein Liebespaar an diesem Tag ein Vogelpaar sah, dann heiratete es bestimmt noch im selben Jahr!

Um diese Zeit gegen Ende Januar beginnen die Vögel auch noch heute, sich einen Partner zu suchen. Man kann bis zum Valentinstag im Februar beobachten, wie sich Reiher oder Raben oder andere Vogelarten auf Wiesen sammeln. Es sieht dann fast so aus, als würden sie genau beratschlagen, welche Vogelpaare sich für das Jahr zusammentun sollen.

MACH MIT: VÖGEL BEOBACHTEN

Jetzt im Januar ist die Zeit, wo Vögel gerne an ein Vogelhaus kommen. Die Bäume sind vereist und sie können sich keine Insekten aus der Rinde picken. Der Boden ist gefroren und jeder kluge Regenwurm hat sich tief in der Erde vergraben. Sonnenblumenkerne, Nüsse oder in Fett gewälzte Haferflocken holen die Vögel sich gerne.
Viele Vögel könnt ihr an eurem Vogelhaus im Januar beobachten: Amseln, Meisen, Spatzen, Rotkehlchen, Dompfaffen, Zaunkönige, Finken, Ringeltauben, Spechte, Eichelhäher und Elstern.

MACH MIT: TIER-SPUREN IM SCHNEE

In diesem Bild sind Spuren von acht Tieren versteckt. Welche sind es?

Lösung: Dachs (1), Eichhörnchen (2), Fuchs (5), Hase (4), Katze (8), Krähe (3), Maus (6), Reh (7)

Im Schnee

Alles war dick verschneit, die Flocken rieselten seit Tagen vom Himmel und würden sicher noch lange weiterrieseln. Mutter Scheffel musste Hektor, den alten Hofhund, alle halbe Stunde mit dem Besen aus der Küche scheuchen, wo er sich zum Trocknen hinter den Ofen verziehen wollte. Langsam ging ihm die weiße Pracht auf die Nerven.

Hadrian, der große Ackergaul, dagegen liebte den Schnee, erstens, weil er so weich unter den Hufen war, und zweitens, weil er bei viel Schnee nur wenig zu tun hatte, was ihm überaus behagte. Wie er zum Ochsen Albert sagte: »Von mir aus kann's bis nächsten Mittwoch schneien.«

»Warum nächsten Mittwoch?«, fragte Albert.

»Warum nicht?«, entgegnete Hadrian.

Und weil man auf diese Frage keine Antwort zu geben brauchte, nickte Albert nur weise und schwieg.

In diesem Augenblick schüttelte sich ein Ast des Baumes, unter dem sie standen, und bestäubte sie mit Schneeflocken: Theodor T. Eichkatz (meist nur TT genannt, obgleich keiner eine blasse Ahnung hatte, was das zweite T bedeuten sollte) ließ den Ast unter seinen Sprüngen wippen und keckerte: »Also, nun sagt doch mal bloß: Ist das nicht herrlich? Lauter Schnee und immer noch Schnee und sicher noch mehr Schnee, und der Alte tobt und flucht, weil er das beknackte Gatter nicht mehr zukriegt.« Nachdem er diese sensationelle Neuigkeit von sich gegeben hatte, setzte er davon, um sie den Nächsten zu erzählen. Klatsch und Tratsch brühwarm zu verbreiten, das war TTs Haupt- und Lieblingsbeschäftigung auf dem Scheffelhof.

Wenig später gesellte sich Engelchen Butterblume zu Albert und Hadrian, die Jerseykuh mit den großen braunen Augen. »Habt ihr eigentlich Ede irgendwo gesehen?«, fragte sie.

Tiefes Schweigen antwortete ihr.

»Ehrlich gesagt – nein«, erwiderte Hadrian und versuchte eine Miene zu ziehen, als ob er sich schon seit Tagen um Ede sorgte.

Albert antwortete einfach, nö, hätte er auch nicht.

Und wieder entstand eine tiefe, gedankenschwere Pause.

»Meint ihr denn, es geht ihm gut?«, fragte Engelchen Butterblume.

»Muss wohl«, sagte Hadrian.

»Mmmmm«, machte Albert.

»Also, ich finde, wir sollten mal nachsehen«, sagte Engelchen Butterblume fest entschlossen.

Ede, das hätte womöglich schon eher erklärt werden sollen, war kein anderer als der stattliche und berühmte Eduard Speck vom Scheffelhof, ein Schwein, von dem einst gesagt worden war: Eduard ist das Ideal von einem Schwein – so sollten alle Schweine sein. In Wirklichkeit setzte Eduard solche Redensarten zwar selber in die Welt, aber seiner Ansicht nach entsprachen sie nun einmal der Wahrheit.

Zu seinem Stall stapften nun also Hadrian, Albert und Engelchen Butterblume, um nach dem Rechten zu sehen. Hektor der Hofhund schloss sich ihnen an und Gregor der Kater, die beide keine Ahnung hatten, wohin es eigentlich gehen sollte, und schließlich auch TT, falls dort etwas tolles Neues passierte.

»Hab Ede schon seit Tagen nicht mehr gesehen. Seit es angefangen hat zu schneien«, sagte Engelchen Butterblume. »Hoffentlich geht es ihm gut.«

Sie pflügten und wühlten sich durch den Schnee zu Eduards Schweinestall – doch da war gar kein Schweinestall mehr, nur Schnee: eine Schneedecke, eine Schneewehe, Pulverschnee, knirschender, blendender Schnee. Aber eben nur Schnee.
»Also ...«, sagte Engelchen Butterblume.
Da ertönte ein lautes Geschnatter und Gunther der Ganter erschien. Besser gesagt: Es erschienen seine Gänsefrauen, die aus vollem Halse kakelten und spektakelten, wie immer, und nur manchmal konnte man Gunthers Kopf erkennen, der sich inmitten des Gewusels nach oben reckte. TT wollte ihm schon die schreckliche Nachricht von Eduards Verschwinden berichten, doch ehe er loslegen konnte, war der arme Gunther schon wieder weitergedrängelt worden.
Was war aber wirklich mit Eduard Speck? Ganz einfach: Eduard hatte es nicht gern kalt und sagte sich, was jeder mit so viel Grips wie er ohne viel Kopfzerbrechen kapierte, dass ihm nämlich, wenn es weiter so schneite, noch gehörig viel Schnee aufs Stalldach fallen würde. Das war vor drei Tagen gewesen und in einer von Bauer Scheffels Scheunen hatte er auch bald eine mollig warme Ecke entdeckt. Den Hühnern, die dort eigentlich wohnten, hatte das zwar gar nicht gepasst, aber sie mussten ihren Schnabel halten. Eduard machte es sich so gemütlich wie möglich und wenn er sein eigenes Futter verputzt hatte, das ihm Mutter Scheffel jeden Morgen brachte, fraß er auch noch das Hühnerfutter auf, was den Hennen noch viel weniger passte.

Augenblicklich allerdings langweilte sich Eduard und er beschloss kurzerhand, sich ein bisschen die Pfoten zu vertreten und nachzuschauen, was sein Stall so ganz ohne ihn machte. Er marschierte los, und als er dicht vor seinem Stall oder jedenfalls in der Gegend angekommen war, wo einmal sein Stall gestanden hatte, stellte er zu seinem Erstaunen fest, dass dort fast alle Tiere des Hofes versammelt und tief ins Gespräch versunken waren. Noch hatte ihn niemand gesehen.

»Haben sich drei Tage lang nicht um mich gekümmert. Hätte stocksteif erfroren sein können. Das hätte ein Gejammer gegeben! Aber wär ihnen ganz recht geschehen!« Unter diesen Gedanken und Vorstellungen setzte sich Eduard stillvergnügt auf seine Hinterschinken.

Es schien bei der Versammlung die allgemeine Ansicht zu herrschen, dass es das Gescheiteste wäre, wenn man Eduard aus seinem versunkenen Stall herausholte – und kurz darauf verfolgte derselbe Eduard voller Schadenfreude, wie alle zu buddeln begannen. Er blieb friedlich sitzen, schaute zu und lachte sich immer wieder ins Fäustchen.

Ach, wie er lachte und lachte – und wie es auf einmal krachte!

Setzt man nämlich ein gut aufgewärmtes, fettes Schwein auf eine Schneedecke, die nichts als das dünne Eis auf einem Teich verhüllt, und lässt man dieses Schwein lange genug hocken und sich vor Schadenfreude hin und her wälzen, so kann man sich der Folgen ziemlich sicher sein. Eduard hatte natürlich nicht geahnt, dass er seinen Beobachtungsposten mitten auf dem zugefrorenen Teich bezogen hatte – wie hätte er sich das auch träumen lassen sollen! Der Teich war ebenso wie sein Stall unter dem Schnee verschwunden.

Und nun verschwand Eduard. Er spürte das grünlich braune Wasser über sich zusammenschlagen, Blasen gluckerten aus seiner Schnauze und als er wieder auftauchte, keuchend und kalt, da spürte er abermals das Wasser. Ach was, es war nicht kalt, es war eisig!

»Was wolltest du denn im Teich, Eduard?«, fragte Engelchen Butterblume, nachdem sie ihn mit vereinten Kräften aufs Trockene gezerrt hatten. Sie sagte Eduard, nicht Ede. Ede wurde Eduard Speck nur genannt, wenn er es nicht hören konnte.

»Iiiich wwwollte nur probieren, ob dadas Eis schon fefest ist«, antwortete Eduard. Man konnte ihn kaum verstehen, so sehr klapperten ihm die Zähne. »Wawar's nonoch nicht«, fuhr er fort, »da hahahab ich 'ne Rururunde schwimmen wollen und da seid ihr dadazwischengekommen und habt euch aufgeregt und mich rausgezogen. Wawar wirklich erfrischend«, sagte Eduard, das einzigartige (und übrigens einzige) Schwein vom Scheffelhof.

»Also, der stinkt ja vor Undankbarkeit!«, keckerte TT.

Eduard aber trottete in seine Scheune heim und musste dabei alle naslang von Frostschauern geschüttelt stehen bleiben. Er wollte nichts mehr, als sich ins warme Heu kuscheln, wenn es nach ihm ging bis zum nächsten Sommer. Vielleicht würde man ihm dann allmählich die gebührende Beachtung schenken – und ihn nicht schmählich im Stich und halb erfrieren lassen. Vielleicht wurde ihm bis dahin sogar wieder warm.

John Saxby

Der Februar – unser zweiter Monat – war im römischen Kalender der letzte Monat des Jahres. Er hat seinen Namen nach dem großen römischen Fest der Sühne und der Reinigung (lat. *februa*), das gegen Ende des Monats für die Lebenden und die Toten gefeiert wurde.

NAMEN FÜR DEN FEBRUAR

Dieser Monat heißt auch Lichtmessmond, Feber, Narrenmond oder Taumond. Hornung hieß er bis zum Ende des Mittelalters, weil die Rehböcke ihr Gehörn und die Hirsche ihre Geweihe abwerfen, damit ihnen neue wachsen können.

NUR 28 TAGE!

Der Februar ist der kürzeste Monat im Jahr. Er hat 28 Tage und alle vier Jahre bekommt er in einem Schaltjahr einen Tag dazu. Der römische Kaiser Augustus (27 v. Chr. – 14 n. Chr.) wollte nämlich seinem Großonkel Julius Caesar(100–44 v. Chr.) in nichts nachstehen. Caesar hatte dem Juli seinen eigenen Namen gegeben. Augustus benannte nun den folgenden Monat, der eigentlich *Sextilis* (der sechste) hieß, in Augustus um und nahm dem Februar einen Tag weg. Der August hatte eigentlich nur 30 Tage, der Juli aber 31!

Sonnt sich die Katz' im Februar,
friert sie im März trotz Pelz und Haar.

Der Februar muss stürmen und blasen,
soll im Mai das Vieh schon grasen.

Wenn's im Februar nicht schneit,
schneit es in der Osterzeit.

DIE NATUR IM FEBRUAR

Schneeglöckchen und gelbe Winterlinge stecken die Blüten schon aus dem Boden. Sie lassen sich nicht davon abhalten, dass der Februar ganz schön kalt sein kann. Aber gegen Ende des Monats kann man merken, dass der Winter langsam zu Ende geht. Die Tage werden länger und wenn Schnee gelegen hat, taut er oft schnell wieder weg.
Die ersten Zugvögel kommen zurück: Singdrosseln, Feldlerchen und Stare. An wärmeren Tagen könnt ihr die ersten Hummeln und Bienen sehen und manchmal sogar schon einen Kohlweißling oder einen Zitronenfalter. Eichhörnchen springen von Baum zu Baum und Eichelhäher suchen nach ihren vergrabenen Nussvorräten. Sie finden sie tatsächlich!

2. Februar: Mariä Lichtmess

DARSTELLUNG DES HERRN

Mariä Lichtmess ist aus zwei verschiedenen Festen, einem jüdischen und einem römischen, entstanden.
Im jüdischen Glauben gingen junge Eltern vierzig Tage nach der Geburt mit ihrem erstgeborenen Kind in den Tempel, um es vor Gott darzustellen. Auch Maria und Josef taten dies und brachten Gott zwei Tauben als Opfer dar. Der 2. Februar, der vierzigste Tag nach Christi Geburt, erinnert die Christen an dieses Ereignis.

RÖMISCHE LICHTERPROZESSION

Den zweiten Ursprung hat das Fest in Rom. Im alten römischen Kalender war der Februar der letzte Monat des Jahres. Die Römer feierten in dieser Zeit mit einer Lichterprozession Sühne- und Reinigungsfeste vor Beginn des neuen Jahres. Ab dem 7. Jahrhundert übernahmen die Christen diesen Brauch. Seitdem wurden Kerzen für den Gebrauch in der Kirche und zu Hause an Mariä Lichtmess geweiht.

KERZEN GEGEN BRAND UND BLITZ

Noch heute wird oft bei einem Gewitter eine geweihte Kerze angezündet.

Die Menschen glaubten, dass geweihte Kerzen vor Feuergefahr und vor Blitzschlag schützen. Ihre Angst vor Feuer war berechtigt. Bis ins 19. Jahrhundert gab es nur Kerzen als Licht und keine Blitzableiter. Fast jede größere Stadt hat einen »Großen Brand« erlebt, denn die Häuser bestanden oft aus Fachwerk und standen schnell in Flammen.

LICHTMESS-BRÄUCHE

An Mariä Lichtmess werden die Tage allmählich länger. Früher begannen die Bauern jetzt ihre Arbeit nach der Winterpause. Die Handwerker arbeiteten ab diesem Tag wieder ohne Kunstlicht in den Werkstätten. Knechte, Mägde und andere Dienstboten wurden entlohnt und konnten sich eine neue Arbeitsstelle suchen.

An Lichtmess isst man Crêpes und Pfannkuchen. Früher benutzte man sie auch als Orakel: Lag der erste Pfannkuchen beim Wenden genau in der Mitte der Pfanne, hatte man das ganze Jahr über Geld! Probiert das mal aus!

So geht's: Mehl, Eier, Milch, Zucker und Salz in eine Schüssel geben und mit einem Schneebesen verrühren, bis eine glatte Masse entsteht. Den Teig 20 Minuten ruhen lassen. Dann 2 Esslöffel Butter in einem kleinen Topf schmelzen lassen und unter den Teig rühren. Eine Pfanne mit Butter ausstreichen und erhitzen (nicht zu sehr!). Etwas von dem Teig dünn in die Pfanne streichen und von beiden Seiten goldgelb backen. Mit Zucker und Zimt bestreuen, zusammenrollen und aufessen.

MACH MIT: LICHTMESS-CRÊPES

Zutaten:
100 g Mehl,
2 Eier, 1/4 l Milch, 2 Esslöffel Zucker, 1 Prise Salz, 60 g Butter, Zucker und Zimt zum Bestreuen

3. Februar: Tag des heiligen Blasius

Blasius hat im 3./4. Jahrhundert gelebt und war Arzt und Bischof in der römischen Provinz Armenia (heute Türkei). Die bekannteste Geschichte über ihn erzählt, wie er einen kleinen Jungen, der an einer Fischgräte zu ersticken drohte, nur durch seine Gebete gerettet hat. Das machte Blasius zum Schutzheiligen gegen Halskrankheiten und gegen Husten und Zahnschmerzen.

DAS WUNDER MIT DER FISCHGRÄTE

Blasius ist der Patron der Ärzte, Bäcker, Maurer, Musikanten, Schneider, Schuhmacher und Weber.

Seit dem 16. Jahrhundert gibt es in der katholischen Kirche den Blasiussegen. Im Gottesdienst am Blasiustag oder nach der Messe an Mariä Lichtmess einen Tag vorher erteilt ihn der Priester und hält dabei gekreuzte Kerzen vor Gesicht und Hals des Gläubigen. Früher wurden am Blasiustag Wasser, Wein und Brot gesegnet und das Blasienbrot gebacken, ein Heilbrot mit vielen getrockneten Früchten.

BLASIUSSEGEN

14. Februar: Valentinstag

BLUMEN ALS GESCHENK

Valentin lebte um 270 als Priester und Mönch in Rom. Menschen, die zu ihm kamen, beschenkte er mit Blumen aus seinem Garten. Obwohl der römische Kaiser Claudius II. es verboten hatte, traute er Liebespaare nach christlichem Brauch. Dafür wurde er enthauptet, aber nicht vergessen.

VALENTINSBRÄUCHE

Wenn ihr jemanden am Valentinstag beschenken wollt, dürft ihr euch dabei nicht sehen lassen! Es ist am spannendsten, wenn man nicht weiß, von wem Karten oder Blumen kommen.

Im Mittelalter tauchte zum ersten Mal der Brauch in Frankreich und England auf, den Frauen am Valentinstag Blumen zu schenken. In England wurden auch Briefe mit Liebesgedichten verschickt. Im 19. Jahrhundert waren sie auf selbst gemachte kleine Karten geschrieben und mit Herzen und Spitze verziert. Über Amerika kamen Valentinsbräuche um 1950 in deutschsprachige Länder. Seitdem gibt es gedruckte Valentinskarten mit Rosen und Herzen, herzförmige Kuchen und in Herzform gebundene Blumensträuße.

29. Februar: Schaltjahr

Dieser Tag wird im Kalender eingefügt, weil sonst bei der genauen Berechnung unseres Sonnenjahres ein Tag fehlen würde. Er wird nur bei Jahren ergänzt, deren letzte beiden Ziffern durch vier teilbar sind. 2008 und 2012 sind solche Schaltjahre. Bei einer Jahrhundertwende muss die Jahreszahl durch 400 teilbar sein. 1900 war kein Schaltjahr, im Jahr 2000 dagegen gab es einen 29. Februar.
Und wenn ihr jetzt an einem 29. Februar geboren seid? Habt ihr dann nur alle vier Jahre Geburtstag? Nein, keine Sorge. Euer Geburtstag wird wie Heiligenfeste und Namenstage auch einfach am 28. Februar gefeiert!

ALLE VIER JAHRE IST EIN SCHALTJAHR.

Das Jahr

Dreißig Tage hat September,
April, Juni und November.
Februar hat achtundzwanzig,
nur im Schaltjahr neunundzwanzig.
Alle andern ohne Frage
haben einunddreißig Tage.

Fastnacht, Fasching, Karneval

Es gibt Tage, da könnt ihr plötzlich auf der Straße Rittern und Prinzessinnen, Zauberern und Hexen begegnen. Aber an diesen Tagen ist das normal: Die Narren sind nämlich los. Es ist Karneval!
Im Mittelalter bezeichnete man mit dem Wort Narr dumme oder sogar geistesgestörte Menschen. Narren schienen in einer verkehrten Welt zu leben. Heute ist der Narr nur noch ein Spaßvogel, ein Clown, der uns zum Lachen reizt. Und die Welt sieht an Karneval wirklich verkehrt aus, wenn Räuber und Piraten frei herumlaufen dürfen.

HILFE, DIE NARREN SIND LOS!
(Karneval, lat. carnem levare = Fleisch entfernen oder auch volkstümlich carne vale! = Fleisch ade!)

DIE NACHT VOR DER FASTENZEIT

Fastnacht, Fasching oder Karneval ist ursprünglich ein rein katholisches Fest. Es bezeichnet die Nacht vor Aschermittwoch, die Nacht bevor die Fastenzeit beginnt. Eigentlich ist also Karneval an dem Dienstagabend, an dem man noch mal so richtig Fleisch essen kann. Seit dem 13. Jahrhundert wird jedoch die Woche vom Donnerstag bis zum Dienstagabend vor Aschermittwoch Karneval genannt.

DEN WINTER AUSTREIBEN!

Lange vor dem 13. Jahrhundert gab es im Vorfrühling ein Fest, bei dem man mit viel Getöse und Geschrei, mit Masken und Mummenschanz versuchte, Winter, Kälte, Sturm und Nebel zu vertreiben. Übrig geblieben ist der Fastnachtsbrauch, sich zu verkleiden und Krach zu machen.

DIE NÄRRISCHE ZEIT

Im Mittelalter galt die Elf als eine teuflische Zahl, weil sie die zehn Gebote überschritt.

Seit dem 19. Jahrhundert beginnt am 11. 11. um 11.11 Uhr die Karnevalszeit. Der Karnevalsprinz wird gewählt und die Fastnacht erwacht. Die Elf eignet sich besonders gut dafür, denn sie ist eine Narrenzahl. Nach dem Dreikönigsfest beginnt schon am 7. Januar offiziell die närrische Zeit mit Bällen und Karnevalssitzungen. Es gibt unzählige Fastnachtsbräuche. Fast überall kennt man jedoch Narrenfiguren wie den Hoppeditz (Düsseldorf) oder den Hänsele (Überlingen). Der Hoppeditz macht sich im Narrenkostüm und mit Narrenkappe über den Bürgermeister lustig. Der Hänsele zieht in einem Kostüm mit bunten Filzstreifen durch die Straßen und knallt dabei mit seiner Karbatsche, einer fünf Meter langen Fastnachtspeitsche.

ALTWEIBER-FASTNACHT

Seit dem Mittelalter gehört der Donnerstag vor Aschermittwoch den Frauen. Der Rat einer Stadt lud sie zu Festessen und Tanz ein. Später gestalteten die Frauen das Fest selbst. Heute stürmen sie das Rathaus und der Bürgermeister übergibt ihnen den Stadtschlüssel. Jetzt weiß jeder, dass die Frauen an diesem Tag »regieren«. Verkleidet ziehen sie durch die Stadt und schneiden jedem Mann die Krawatte ab!

In Düsseldorf, Köln oder Mainz macht man sich bei den Rosenmontagszügen seit dem 19. Jahrhundert besonders über die Politik lustig. Die Leibgarden der Karnevalsprinzen tragen ähnliche Uniformen wie die der Bürgerwehr oder der Stadtsoldaten von damals. Sie mussten sich gegen die französischen Soldaten des Kaisers Napoleon durchsetzen. Napoleon hatte 1806 das Rheinland besetzt und die Menschen halfen sich, indem sie kräftig über die Besatzer herzogen.

ROSENMONTAG
Seit dem 15. Jahrhundert gibt es am Rosenmontag fast überall Maskenumzüge in den Städten.

Sehr deutlich wird der Spott bei den Karnevalswagen der Rosenmontagszüge: Riesige Figuren aus Pappmaschee machen unübersehbar deutlich, was den Menschen nicht passt. Sie werden mit viel »Helau« (Düsseldorf und Mainz) und »Alaaf« (Köln und Aachen) bejubelt. Wenn ihr zum Karnevalszug geht, nehmt eine große Tüte mit. Die Narren auf den Wagen werfen euch nämlich »Kamelle« zu! Ursprünglich waren es Karamellbonbons, jetzt sind es alle möglichen Süßigkeiten.

»D'R ZOCH KÜTT!«
(rheinisch = »Der Zug kommt!«)

Auch in der schwäbisch-alemannischen Fastnacht zwischen Neckar und Bodensee finden am Rosenmontag Umzüge statt. Seit dem frühen Mittelalter ziehen dabei unheimliche Masken durch die Straßen. Teufel, Hexen oder Tiere wie der Esel bewegen sich zum Narrenmarsch und machen dabei mit Rasseln, Schellen oder Peitschen einen Höllenlärm. Die einzelnen Narrengruppen haben alle einen eigenen Ruf. Wenn euch die Masken zum Beispiel »Narri!« zurufen und ihr richtig mit »Narro!« antwortet, bekommt ihr Süßigkeiten.

»NARRI-NARRO!«
Wer die richtige Antwort nicht weiß, wird mit Sägemehl beworfen!

Wie am Dreikönigstag sieht man in den Alpenländern wieder die Furcht erregende Perchta. Als gute oder böse Hexen verkleidete Männer ziehen an Fastnacht beim »Perchtenspringen« mit Ketten und Rasseln durch die Straßen. Die guten Perchten tragen Frauenmasken und verteilen Früchte oder Süßigkeiten. Die bösen Perchten mit ihrer Teufelsmaske haben einen Blasebalg dabei, mit dem sie den Zuschauern Ruß oder Asche ins Gesicht pusten.

GUTE UND BÖSE PERCHTEN
Ihre Kostüme sind mit hunderten von Stoffstreifen, Federn oder Schleifen besetzt.

KARNEVAL IN VENEDIG
Zwölf Tage dauert das Fest der Masken bis zum Fastnachtsdienstag.

Auch in anderen Ländern wird Karneval gefeiert. Der Karneval in Venedig zum Beispiel ist etwas ganz Besonderes. Die Masken stammen aus dem Theater des 16. bis 18. Jahrhunderts, der *Commedia dell'Arte* (Stegreifkomödie). Man kann den Arlecchino (Harlekin) bewundern, den schwarz gekleideten Dottore (Doktor) mit der Schnabelnase, den Pulchinella (Hanswurst) mit dem kegelförmigen Hut oder den Brighella, den Schurken mit dem grünlichen Gesicht.

MACH MIT: KARNEVALSMASKEN
Zutaten: ein Bogen DIN-A3-Kartonpapier, ein Stück weiches Gummiband, Buntstifte, ein Locher, eine Schere, Schminke

So geht's: Malt auf den Bogen in der Größe eures Kopfes ein Hexengesicht, eine Teufelsfratze mit Hörnern, einen Clown oder einen Eselskopf mit langen Ohren. Schneidet die Augen als zwei ovale Öffnungen heraus und auch ein Dreieck für eure Nase. Dann schneidet ihr die ganze Maske aus, bohrt auf jede Seite mit dem Locher etwas über Ohrenhöhe ein Loch hinein und befestigt das Gummiband daran. Es hält die Maske vor eurem Gesicht fest. Jetzt malt ihr noch eure Nasenspitze mit rotem Lippenstift, schwarzem Augenbrauenstift oder grünem Lidschatten passend an – fertig.

FASTNACHTS-DIENSTAG

Dieser letzte Tag heißt auch »die echte Fastnacht«, denn in der Nacht vor der Fastenzeit ist um 24 Uhr der Karneval vorbei. Überall wird die Fastnacht begraben: Eine Strohpuppe wird verbrannt oder ins Wasser geworfen. Früher stellte ein Kind die Fastnacht dar und wurde von den anderen gejagt, bis es schließlich mit viel Geschrei unter Heu und Stroh »begraben« wurde. Danach gab es den »Leichenschmaus«, das letzte Essen mit Schmalz und Fleisch vor der Fastenzeit.

FASTNACHTSKRAPFEN

An Altweiberfastnacht wird schon seit dem 16. Jahrhundert Schmalzgebäck für Fastnacht hergestellt. Deshalb heißt dieser Tag auch »Fetter« oder »Schmalziger« Donnerstag, im Schwäbischen »Schmotziger Dunschtig« (= schmalziger Donnerstag). Der Rat einer Stadt stiftete den Einwohnern Mutzemandeln, Krapfen oder Berliner, und Klöster verteilten sie an Arme, damit sie sich vor der Fastenzeit richtig satt essen konnten.

MACH MIT: MUTZEMANDELN

Zutaten: 100 g Butter, 200 g Zucker, 5 Eier, 400 g Mehl, 100 g geriebene Mandeln, Backpulver, 1 Teel. Kardamom, Salz, 1 kg Butterschmalz, 5 Essl. Puderzucker

So geht's: Butter und Zucker schaumig rühren, nach und nach Eier, Mehl, Mandeln, Backpulver, Kardamom und Salz untermischen und zu einem glatten Teig verrühren. Das Butterschmalz auf 180° erhitzen. Aus dem Teig kleine mandelförmige Klößchen formen, vorsichtig ins heiße Fett gleiten lassen und 3–4 Minuten frittieren. Dabei die Mutzemandeln öfter wenden, damit sie von allen Seiten braun werden.
Die fertigen Mutzemandeln auf Küchenrolle abtropfen lassen und dann mit Puderzucker bestreuen.

Purim

JÜDISCHER KARNEVAL

(persisch Pur = Los)

Purim wird am 14./15. Adar (Februar/März) gefeiert.

Auch in der jüdischen Religion gibt es ein Fest, bei dem sich die Kinder verkleiden, Masken tragen und Krach machen. Purim, das »Losfest«, ist ein Freudenfest und geht auf das Alte Testament zurück. Zum ersten Mal wird über eine Judenverfolgung berichtet, die um 470 v. Chr. im Perserreich stattgefunden hat.

Der Jude Mordechai hatte sich geweigert, Xerxes wie einen Gott zu verehren, denn wie alle Juden erkannte er nur einen einzigen Gott an. Wesir Haman, der höchste Minister des Perserkönigs Xerxes, wollte deshalb alle Juden im Perserreich töten lassen. Er ließ Mordechai selbst das Los *(Pur)* werfen, das den Tag dafür bestimmte. Aber Königin Esther war auch eine Jüdin und setzte sich für ihr Volk ein. Als sie ihrem Mann über den boshaften Plan berichtete, wurde dieser so zornig darüber, dass er nun Haman zum Tode verurteilte. Mordechai aber ernannte er zu seinem Wesir. So wurden die Juden durch Esthers Klugheit und Mut gerettet.

MEGILLAT ESTHER *(hebräisch = Esther-Rolle oder »Buch Esther«)*

In der Nacht und am Morgen des Purimfestes wird in der Synagoge diese Geschichte aus der *Megillat Esther* vorgelesen. Die verkleideten Kinder dürfen jedes Mal, wenn der Name des Wesirs Haman genannt wird, Ratschen drehen, Stöcke auf den Boden stoßen und fürchterlichen Krach machen. So kann man den Namen Hamans nicht hören.

Danach wird der Tag des Purimfestes mit einem ausgelassenen und fröhlichen Festmahl gefeiert und Speisen werden zu Freunden und Verwandten geschickt. Es gibt süßes Gebäck, die Haman-Taschen oder die dreieckigen Haman-Ohren, die mit Honig und Mohn gefüllt sind.

Die berühmten Purimspiele führen die Geschichte der Esther oder andere biblische Geschichten auf.

Aschermittwoch und Fastenzeit

Am Aschermittwoch beginnt die Fastenzeit. Seit dem 11. Jahrhundert ist es Brauch, dass der Priester an diesem Tag in der Messe den Gläubigen ein Aschenkreuz auf die Stirn zeichnet. Dabei spricht er: »Gedenke, Mensch, dass du Staub bist und zum Staub zurückkehren wirst.« Asche ist ein Sinnbild für Vergänglichkeit und Tod. Mit diesem Aschenkreuz werden die Christen daran erinnert, dass jeder Mensch einmal sterben muss und rechtzeitig seine Sünden bereuen sollte. Redewendungen wie »in Sack und Asche gehen« oder »sich Asche aufs Haupt streuen« bedeuten auch heute noch, dass man etwas büßen oder für etwas einstehen muss.

AM ASCHERMITTWOCH IST ALLES VORBEI
Seit dem 12. Jahrhundert wird für das Kreuz die Asche von den geweihten Palmzweigen des Palmsonntags aus dem Vorjahr genommen.

Fastenzeiten gibt es in allen Religionen, zum Beispiel den Monat *Ramadan* im Islam. Sie dienen immer dazu, Buße zu tun und um die Vergebung der Sünden zu bitten. Im Christentum ist jeder Freitag ein Fasttag, weil Christus an einem Freitag gestorben ist. Als einzige längere christliche Fastenzeit ist die Fastenzeit vor Ostern von Aschermittwoch bis Karsamstag übrig geblieben.

FASTENZEIT
Früher war auch die Adventszeit vor Weihnachten eine Fastenzeit, die erst am 25. Dezember endete.

Im Mittelalter waren die Fastenregeln sehr streng. Man durfte zum Beispiel in der Kirche nicht zur Kommunion gehen, wenn man Eier gegessen hatte. Fleisch, Milch und Eier waren verboten. Die Menschen ernährten sich hauptsächlich von Fisch, Gemüse und Obst. Ab dem 15. Jahrhundert erlaubte die Kirche jedoch auch Eier und Milch. In manchen Gegenden gab es richtige Pläne, wann etwas auf den Tisch kam, damit sich das Essen ein wenig abwechselte.

FASTENSPEISEN
Erwachsene aßen eine Mahlzeit pro Tag und Kinder zwei.

KLOSTERKÜCHE
(Brezel von lateinisch brachiatellium = Ärmchen)

Viele Rezepte für Fastenspeisen aus Klöstern und auch aus privaten Küchen sind uns erhalten. Sie zeigen, dass mit wenigen Zutaten und vielen Kräutern sehr leckere Gerichte gekocht werden können. In manchen Ländern stellte man süßes Nussbrot oder Marzipan in der Form von Würsten oder Koteletts her, damit sie den verbotenen Fleischgerichten ähnelten. Zu Fladenbroten, Kringeln und Brezeln wurde Käse gegessen. Man sagt, dass die besondere Form der Brezel im Kloster erfunden worden ist, denn sie sieht aus wie die verschränkten Arme beim Beten.

»ALTE FASTNACHT«

Seit dem 11. Jahrhundert beginnt die Fastenzeit am Aschermittwoch und dauert 40 Tage. Dabei werden die sechs Sonntage nicht mitgezählt, denn sie sind keine Fastentage. Vor dem 11. Jahrhundert wurde auch an den Sonntagen gefastet. Damals fing die Fastenzeit später an, nämlich am Dienstag nach unserem heutigen Aschermittwoch. In manchen Gegenden hielten besonders die Bauern an dieser Regelung fest. Deshalb feiert man in der Schweiz oder in Baden heute noch die »Alte Fastnacht« oder »Bauernfastnacht«, wenn die Fastenzeit eigentlich schon begonnen hat.

DIE BASELER FASTNACHT

Morgens um vier Uhr gehen am Montag nach Rosenmontag in Basel die Straßenlampen aus. Es ist ganz dunkel. Plötzlich hört man Laternenträger, Pfeifer und Trommler näher kommen. Verkleidete Narren tanzen auf den Straßen. Sie wollen den Winter vertreiben und wirbeln in ihren selbst gemachten bunten Kostümen lärmend durch die Stadt. Die Baseler nennen dies »Morgenstreich«. Mit ihm beginnen in Basel die drei tollen Tage. Montag- und mittwochnachmittags finden Fastnachtsumzüge mit Wagen und Kutschen, Musikanten und verkleideten Narren statt.

An den Fastensonntagen haben sich lange Zeit Frühlingsbräuche erhalten, die den Winter vertreiben sollten. Gleich am ersten Fastensonntag oder »Funkensonntag« wurden überall auf dem Land Feuer angezündet und Kinder trugen Fackeln über die Felder. Sie wollten die Saat wecken, damit es eine reiche Kornernte gab. Oft endeten diese »Saatgänge« als Fackelwettlauf. Der vierte Fastensonntag heißt auch »Rosensonntag«, weil der Papst früher an diesem Tag eine goldene Rose als Sinnbild für Christus weihte. Die Kinder verkleideten sich als Sommer und Winter und kämpften miteinander. Der Winter musste natürlich verlieren.

FRÜHLINGSBRÄUCHE IN DER FASTENZEIT

Der fünfte Fastensonntag erinnert an den Leidensweg Christi. Aus Respekt davor verhüllt man an diesem Tag Altarkreuz- und Altarbilder. Dieser Brauch kommt wohl aus dem frühen Mittelalter. Zum Zeichen der Buße wurde oft sogar der ganze Chorraum einer Kirche verhüllt. »Hungertuch« wurde es früher von den ärmeren Menschen genannt, die in der Fastenzeit für ihre schwere körperliche Arbeit nicht genug zu essen bekamen. Erlaubte Nahrungsmittel wie Mandeln, Gewürze, Zucker oder Reis waren unerschwinglich teuer und ersetzten kaum Schmalz oder Fleisch. Der Ausdruck »am Hungertuch nagen« stammt aus dieser Zeit.

DAS HUNGERTUCH

Es wird auch Fastenlaken, Fastentuch, Kummertuch oder Schmachtlappen genannt.

Der März hat seinen Namen nach dem römischen Gott Mars, dem Gott des Krieges und des Wetters. Und tatsächlich kann man spüren, wie im Monat März der Frühling und der Winter miteinander kämpfen. Es nützt aber nichts. Der Frühling gewinnt immer.

NAMEN FÜR DEN MÄRZ

Ein sehr altes deutsches Wort für Frühling ist *Lenz*, deshalb heißt der März auch Lenzmonat oder Lenzing. Fastenmonat heißt er, weil die Fastenzeit vor Ostern zum großen Teil in den März fällt.

DIE NATUR IM MÄRZ

Endlich wird es wieder wärmer! Die Sonne kann morgens schon so kräftig scheinen, dass über dem kalten Boden von frisch gepflügten Äckern weißer Dunst aufsteigt.
Die Bäume haben zwar noch keine Blätter, aber man kann deutlich sehen, dass die Blattknospen an den Zweigen immer dicker werden. Haselnusssträucher, Erlen und Weiden blühen. Wenn ihr genau hinseht, könnt ihr die ersten Veilchen, gelbes Scharbockskraut, weiße Märzenbecher, Schlüsselblumen und Krokusse entdecken.
Die Kröten kommen aus ihren Winterverstecken und machen sich auf die Wanderung zum nächsten Gewässer. Und wenn dann am Ende des Monats die Störche zurückkommen, dann hat der Frühling wirklich begonnen.

Wie das Wetter zu Frühlingsanfang,
ist es den ganzen Sommer lang.

Einem freundlichen März folgt ein freundlicher April.

Im März früher Vogelsang
macht den Winter lang.

21. März: Frühlingsanfang

TAGUND-NACHTGLEICHE

Am 21. März steht die Sonne genau senkrecht über dem Äquator. Auf der Nordhalbkugel beginnt der Frühling und auf der Südhalbkugel der Herbst. Tag und Nacht sind überall auf der Erde gleich lang, also zwölf Stunden. Die Römer glaubten, dass an diesem Tag die Welt erschaffen worden sei. Deshalb ließen sie ihren Kalender auch zunächst mit dem März anfangen und nannten ihn nach ihrem wichtigsten Gott Mars.

DAS ERSTE VEILCHEN

Wer das erste Veilchen findet, der darf sich etwas wünschen!

Veilchen gehören schon seit dem Mittelalter zu den ersten Frühlingsboten. Sie wurden feierlich begrüßt, manchmal blies der Turmwächter sogar eine Fanfare, wenn jemand das erste Veilchen gefunden hatte. Alle feierten dann das Veilchenfest, weil der Frühling nun da war.

FRÜHLINGSFESTE

In der Schweiz trugen Kinder lange Stangen mit Bänderschmuck, Weidenkätzchen oder Papierblumen durch die Dörfer. In Thüringen holten die jungen Leute den Laubmann aus dem Wald, damit das Sommerlaub wachsen konnte. Dann feierten sie ein Frühlingsfest.

ENDLICH WIEDER FRISCHE BUTTER!

Als es noch keine Gefriertruhen oder Supermärkte gab, wurde im Winter gegessen, was man lange lagern konnte: Kartoffeln, Kohl, Rüben, Äpfel, Dörrobst, Bohnenkerne, Mehl und Eier. Im März gingen diese Vorräte zur Neige und die Menschen freuten sich, dass die Kühe nun endlich wieder mehr Milch gaben und die Hennen mehr Eier legten. Frische Butter, Sahne und Käse füllten die Vorratskammern.

DIE ZUGVÖGEL SIND ZURÜCK

Und wenn ihr dann um Palmsonntag herum die ersten Störche oder Schwalben seht, dann ist wirklich Frühling. Wie bei den Veilchen blies der Wächter auf dem Turm früher sogar in sein Horn, um die Ankunft dieser Vögel zu verkünden.

Sehnsucht nach dem Frühling

Text: August Heinrich Hoffmann von Fallersleben
Melodie: trad.

2. Auf die Berge möcht ich fliegen,
möchte sehn ein grünes Tal,
möcht in Gras und Blumen liegen
und mich freun am Sonnenstrahl.

3. Möchte hören die Schalmeien
und der Herden Glockenklang,
möchte freuen mich im Freien
an der Vögel süßem Sang.

4. Schöner Frühling, komm doch wieder,
lieber Frühling, komm doch bald,
bring uns Blumen, Laub und Lieder,
schmücke wieder Feld und Wald!

25. März: Mariä Verkündigung

DIE VERKÜNDIGUNG DES HERRN

Genau neun Monate vor der Geburt Christi am 25. Dezember erinnern sich die Christen daran, wie der Engel Gabriel Maria die Geburt ihres Sohnes angekündigt hat. Das Fest gehört seit dem 7. Jahrhundert zu den ältesten Kirchenfesten.

DAS LICHT KOMMT ZURÜCK

In manchen Gegenden galt dieser Tag als Frühlingsanfang, denn Christus wird auch als die aufgehende Sonne und das Licht verstanden, das auf die Welt gekommen ist. Noch einmal feiert man Frühlingsfeste und in Schweden lädt man sich zu einem Frühlingsschmaus mit süßen Waffeln ein.

Palmsonntag

JESUS ZIEHT IN JERUSALEM EIN

(hebräisch Messias = »Gesalbter«)

Mit dem letzten Sonntag der Fastenzeit, dem Grünen oder Palmsonntag, beginnt die Karwoche. Der Tag erinnert die Christen daran, wie Jesus auf einem Esel in die Stadt Jerusalem eingezogen ist. Die Menschen empfingen ihn jubelnd mit Palmzweigen in den Händen, denn sie sahen in ihm den Messias, den König, der endlich gekommen war.

PALMWEDEL UND PALMPROZESSION

Weil es bei uns keine Palmen gibt, werden kleine Sträußchen meist aus Buchsbaum, Weidenkätzchen oder anderen Zweigen in der Messe geweiht. Oft binden Kinder »Palmstangen« oder »Palmbuschen« und schmücken sie mit Bändern, Eiern, Kreuzen oder Blumen.

In einer feierlichen Prozession wird das Kreuz in die Kirche getragen und von Kindern und jungen Leuten mit geweihten Palmwedeln begleitet. Die erste Palmprozession gab es übrigens schon im 8. Jahrhundert.

In Westfalen wurden die Palmstangen früher mit Brezeln, Süßigkeiten oder Früchten geschmückt. Nach dem Gottesdienst wurden sie im Haus versteckt und die Kinder mussten sie suchen. Wer sie fand, rief: »Palmsonntag!«, und durfte als Erster die Süßigkeiten plündern. In vielen Gegenden werden die Sträußchen heute noch zu Hause an ein Kruzifix oder einen Spiegel gesteckt. Sie sollen Wohnung und Stall gegen alles Böse beschützen. Auf dem Land verbrennt man oft einige Zweige im Herdfeuer, damit Hagel und Blitz vom Haus fern gehalten werden.
Heute wird es immer mehr Brauch, schon am Palmsonntag bunte Eier an einen Strauch zu hängen. In manchen Orten wird dafür sogar extra ein Palmbaum aufgestellt. Die Eier bleiben bis nach Ostern am Baum hängen und werden einen Tag vor dem Weißen Sonntag abgenommen.
Früher zog man bei der Palmsonntagsprozession einen hölzernen Esel auf Rädern mit. Heute sieht man diese Palmesel nur noch in Museen.

PALMSONNTAGS-BRÄUCHE
Wer am Morgen des Palmsonntags als Letzter aus dem Bett kriecht, der ist nicht nur ein Langschläfer, sondern sogar ein Palmesel!

KONFIRMATIONSTAG

Für evangelische junge Christen zwischen 13 und 15 Jahren ist der Palmsonntag ein ganz besonderer Tag, denn er ist in vielen Gegenden der Konfirmationstag. Die religiöse Erziehung der Jugendlichen ist beendet und sie werden in die Gemeinde der Erwachsenen aufgenommen.

MACH MIT: PALMBUSCHEN
Zutaten: Weidenkätzchen, Buchsbaum, Wacholder oder andere immergrüne Zweige, starker Faden, Krepppapier, ausgeblasene bunte Eier, kleine Äpfel, Bänder, ein fester Stab (z. B. Haselnuss)

So geht's: Die Zweige auf die gleiche Länge schneiden und zu Sträußchen binden. Den Stab mit Krepppapier oder Efeu umwickeln und ein Sträußchen an die Spitze binden. Mit Eiern, Papierstreifen, Bändern und Äpfeln schmücken.

Pessach

DAS ÄLTESTE JÜDISCHE FEST
(hebräisch = »vorbeigehen, verschonen«)

Pessach oder *Passah* ist das älteste jüdische Fest. Es beginnt am 14. Nissan (März/April) in der Nacht des ersten Frühlingsvollmonds und dauert acht Tage. Jüdische Familien erinnern sich gemeinsam an den Auszug des Volkes Israel aus Ägypten vor rund 3000 Jahren. Eigentlich ist dieses Fest aus zwei verschiedenen Festen entstanden.

CHAG HA-PESSACH
(Feier des Pessach-Lammes)

Chag ha-Pessach ist ein Frühlingsfest. Als die Juden noch Nomaden waren und als Hirten durch die Wüste wanderten, begrüßten sie den Frühling, indem sie ein Lamm opferten.

CHAG HA-MAZZOT
(Feier der ungesäuerten Brote)

Chag ha-Mazzot ist ein altes Bauernfest. Wenn das Korn reif war und die Ernte eingefahren werden konnte, säuberten die Bauern ihre Häuser von Resten des alten Sauerteigs.
Im Laufe der Zeit verbanden sich beide Frühlingsfeste zu dem Pessach-Fest, einem der wichtigsten jüdischen Feste.

DIE PESSACH-FEIER

Während des Pessach-Festes darf nur ungesäuertes (nicht aufgegangenes) Brot gegessen werden. *Mazzot* oder Matze ist ein flaches, waffelartiges Brot aus Mehl und Wasser, denn die Israeliten mussten so überstürzt aus Ägypten fliehen, dass keine Zeit mehr für einen Sauerteig war. Vor dem Fest wird das Haus von alten Brotkrümeln und Sauerteig gereinigt.

(hebräisch Seder = »Ordnung«)
(Pessach-Haggada = Pessach-Erzählung)
(Afikoman = Nachtisch)

Am ersten Festtag feiert die Familie *Seder,* ein großes Festmahl. Es besteht aus drei festgelegten Teilen und bestimmten symbolischen Speisen. Das Oberhaupt der Familie liest die *Pessach-Haggada* vor und erklärt sie. Der Abschluss des Essens, der *Afikoman*, ist ein besonderes Stück der *Mazzot* – wenn man es findet. Die Kinder dürfen es nämlich verstecken und bekommen ein Geschenk, wenn sie es wieder herausrücken!

Die Karwoche

Der Name der Karwoche kommt aus dem Althochdeutschen. *Chara* bedeutete Trauer, Kummer. In Deutschland gibt es das Wort seit dem Mittelalter nicht mehr, aber in England wird es noch benutzt: *care* (Kummer, Sorge) hat den gleichen Ursprung. Die Christen feiern drei wichtige Ereignisse in dieser Zeit: Leiden, Sterben und Auferstehung Jesu.
In der Karwoche durften früher keine Gerichtsverhandlungen abgehalten werden. Gefangene wurden sogar freigelassen oder begnadigt. Die Arbeit auf den Feldern ruhte und Feste, fröhliche Musik und jeglicher Lärm waren verboten.

DAS ENDE DER FASTENZEIT
Die Karwoche heißt auch Leidenswoche, Stille oder Heilige Woche.

Althochdeutsch *gronan* heißt greinen (weinen). Am »Greindonnerstag« wurden die öffentlich Büßenden (Greinenden), die man am Aschermittwoch aus der kirchlichen Gemeinschaft ausgeschlossen hatte, wieder aufgenommen. Aus Greindonnerstag wurde im Lauf der Zeit Gründonnerstag.

GRÜNDONNERSTAG
Der Tag erinnert die Christen an das Letzte Abendmahl Jesu mit seinen Jüngern.

Die Bibel berichtet, dass Jesus am Abend des 14. Nissan mit seinen zwölf Jüngern das Pessach-Fest feierte. Es war ein Donnerstag, denn der nächste Tag war der Vorbereitungstag für den jüdischen Sabbat, also ein Freitag. Bei diesem Mahl kündigte Jesus den Jüngern seinen Tod an. Wie das Pessach-Lamm geopfert werde, so werde auch er sich für die Erlösung der Menschen opfern. Er dankte Gott für *Mazzot* und Pessach-Wein und teilte beides mit seinen Jüngern. Wenn sie dieses Fest in Zukunft feierten, so versicherte er ihnen, werde er auch nach seinem Tod bei ihnen sein.
Die Eucharistiefeier oder das Abendmahl der christlichen Kirchen hat hier ihren Ursprung. Die Hostie, die in der katholischen Kirche für den Leib Christi steht, wird wie die jüdische *Mazzot* ohne Treibmittel hergestellt.

DAS LETZTE ABENDMAHL

Im Mittelalter aß man ohne Sauerteig gebackenes Fladenbrot zu Ostern.

DIE GLOCKEN SCHWEIGEN

Am Ende der Gründonnerstags-Messe schweigen Orgeln, Altarschellen und Kirchenglocken bis zur Osternacht. Der Volksmund sagt: »Die Glocken fliegen nach Rom, um geweiht zu werden.« Statt der Glocken ertönen Holzratschen und Klappern. In manchen Gegenden gibt es auch größere Schallbretter oder Klappertafeln auf dem Kirchturm. Wie die Glocken zeigen sie die Stunden an und rufen zur Messe.

DIE FUSSWASCHUNG

In Österreich und in Bayern übernahmen bis zum 19. Jahrhundert sogar Könige und Kaiser diese Aufgabe.

Jesus hat seinen Jüngern beim Letzten Abendmahl als Zeichen seiner Liebe die Füße gewaschen. Eigentlich war das die Aufgabe von Sklaven, wenn Gäste bewirtet wurden. Zur Erinnerung an diese Fußwaschung wäscht der ranghöchste Priester zwölf Gemeindemitgliedern an Stelle der Jünger die Füße. Danach wurden früher Almosen an Bettler und Arme verschenkt. In England verteilt Königin Elizabeth II. heute noch Almosen am »Maundy Thursday«, und zwar an genauso viele Menschen, wie sie Lebensjahre zählt.

DAS ANTLASS-EI

Es soll Wunderkräfte besitzen und sogar nicht verderben!

Die Blumenkränze werden oft mit Antlass-Eiern geschmückt und bis zum Erntedankfest aufgehängt. Antlass-Eier sind am Gründonnerstag gelegte Hühnereier. Im Mittelalter mussten die Bauern ihrem Lehnsherrn an Gründonnerstag ihre österlichen Abgaben in Form von Zinseiern zahlen. Das letzte Ei dieser Steuer war das Antlass-Ei und wurde rot gefärbt. Damit war klar, dass die Schuld eines Bauern abgeglichen war. Später blieben die Antlass-Eier für die Kränze weiß und wurden nur mit einem »D« für Donnerstag gekennzeichnet.

GRÜNE GERICHTE

»Grüne« Speisen werden seit jeher am Gründonnerstag gegessen: Spinat und andere grüne Gemüse, Kräutersuppen oder auch Maultaschen (mit Gemüse gefüllte Nudeln). Früher glaubte man, dass am Gründonnerstag gepflückte Kräuter Heilkräfte besäßen. Kräuter und Frühlingsblumen wurden zu einem Antlasskranz gebunden. »Antlass« ist ein altes Wort für Ablass oder Befreiung und bezieht sich auch auf die öffentlich Büßenden, die am Gründonnerstag wieder in die kirchliche Gemeinschaft aufgenommen wurden.

MACH MIT: KRÄUTERMÄUSCHEN

Zutaten: 250 g Mehl,
4 Eier, 1 Prise Salz, ungefähr 1/2 l Milch (nicht zu viel!), frische Petersilie, Salbei, Basilikum oder Pfefferminze mit Stiel

Dies ist ein Gründonnerstags-Rezept aus der Schweiz. Probiert selbst, wie lecker es ist!

So geht's: Aus Mehl, Eiern, Milch und Salz einen dicken Pfannkuchenteig rühren und etwas quellen lassen. Die Kräuter waschen und am Stiel in den dicken Teig tauchen, sodass die Blätter bedeckt sind. In einer Pfanne in Öl oder Margarine ausbacken, aber der Stiel muss noch wie ein Mäuseschwanz herausgucken.

Je nach den Kräutern schmecken die Kräutermäuschen mit Paprika, Parmesan oder Zimt und Zucker sehr gut.

KARFREITAG

Der Stille oder Gute Freitag ist der höchste Feiertag der evangelischen Kirche.

An diesem Tag starb Jesus am Kreuz. Ohne seinen Tod hätte er die Menschen nicht erlösen können, deshalb trauern und fasten die Christen.

In vielen Gegenden ziehen die Messdiener mit Klappern oder Ratschen durch den Ort und zeigen den Beginn des Gottesdienstes an. In der »neunten Stunde« (für uns 15 Uhr) ist Jesus gestorben. Um diese Zeit versammelt sich die Gemeinde in der Kirche zur »Passion Jesu«. Was Jesus an diesem Tag erlitten hat, wird oft mit verteilten Rollen vorgelesen: die Gefangennahme, das Verhör durch Pilatus und die Geißelung. Mit dem Kreuzweg folgte man schon im 3. Jahrhundert dem Leidensweg Jesu. Heute sind 14 Stationen festgelegt, die seit dem 17. Jahrhundert in katholischen Kirchen auch als Reliefs oder Bilder dargestellt sind.

BRÄUCHE AN KARFREITAG

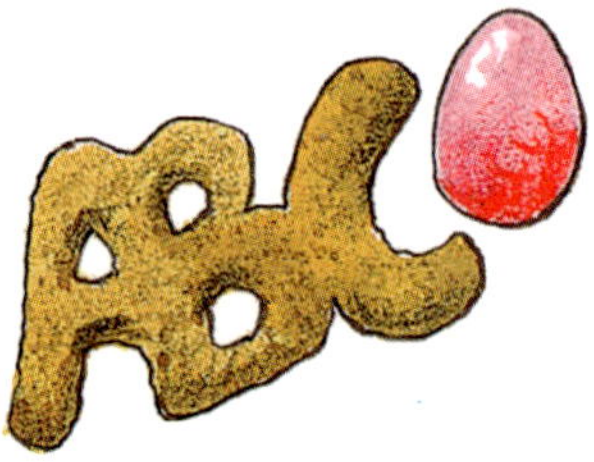

Früher wurde oft an diesem Tag nichts getrunken, weil ja auch Jesus am Kreuz Durst litt. Niemand rührte Hämmer und Nägel an, mit denen Jesus ans Kreuz geschlagen worden war. Die an diesem Tag gelegten Hühnereier waren besonders wichtig für Kinder, die früher nach Ostern eingeschult wurden. Sie bekamen ein gebackenes Abc zu essen und dazu ein Karfreitags-Ei. Damit lernt man nämlich leichter und wird schlau! Die Kinder zogen früher an diesem Tag auch in den Wald und holten Frühlingsmoos für ihre Osternester.

KARSAMSTAG
Von der Tauffeier an Ostern ist heute nur noch die Weihe des Taufwassers übrig.

Zwischen Sonnenuntergang am Karsamstag und vor Sonnenaufgang am Ostersonntag feiert die katholische Kirche die Ostermette. Jeder soll in dieser Nacht wach bleiben bis zur Morgenröte. Es ist die Nacht der Auferstehung Jesu. Seit dem 16. Jahrhundert gibt es als Symbol dafür das Osterfeuer vor der Kirche. An ihm wird die Osterkerze entzündet, die bis zum Himmelfahrtstag neben dem Altar brennen wird. Früher wurden in dieser Nacht (und auch an Pfingsten) alle Erwachsenen getauft, die der Kirche angehören wollten.

Ostern

WIESO HEISST OSTERN »OSTERN«?
(niederländ.: Pasen, französisch: Pâques, spanisch: Pascua, italienisch: Pasqua)

Ostern ist das höchste und älteste Fest der Christen und feiert die Auferstehung Jesu von den Toten. Ostern ist aus dem jüdischen Pessach oder Passah-Fest entstanden und hieß deshalb im Mittelalter auch »Pasche«. In fast allen Sprachen heißt es heute noch so. Nur im Englischen *(Easter)* und Deutschen wird es nach einem sehr alten indo-europäischen Wort bezeichnet: *Eostro* (»Morgenröte«) nannte es der angelsächsische Kirchenlehrer Beda Venerabilis (673–735) zum ersten Mal, denn in der Osternacht sollen die Christen bis zur Morgenröte wachen.

Ostern und Pessach wurden bis ins 4. Jahrhundert hinein am gleichen Tag gefeiert, nämlich zum ersten Vollmond nach Frühlingsanfang. Da aber Jesus an einem Sonntag von den Toten auferstanden ist, beschloss die Versammlung der katholischen Kirche beim Konzil von Nizäa 325 n. Chr., dass Ostern am ersten Sonntag nach dem ersten Frühlingsvollmond gefeiert werden soll. Aus diesem Grund ist es ein so genanntes »bewegliches Fest«.

EIN BEWEGLICHES FEST
Ostern hat jedes Jahr ein anderes Datum: frühestens den 22. März und spätestens den 25. April.

Der auferstandene Christus wird oft als Lamm dargestellt. Auch das hat mit Pessach zu tun, an dem sich die Juden daran erinnern, dass sie durch das Blut des Pessach-Lammes von der 10. Plage verschont blieben. Der Evangelist Johannes nennt Jesus »das Lamm Gottes, das die Sünden der Welt hinwegnimmt« (Joh. 1,29). Er ist wie das Pessach-Lamm den Opfertod gestorben. Wie an Pessach die Erlösung der Juden aus der ägyptischen Gefangenschaft gefeiert wird, so wird an Ostern an die Erlösung der Menschen von ihren Sünden erinnert.

OSTERLAMM
Wie beim Pessach-Fest ist das Lamm auch für Christen eine Osterspeise. Oft wird es auch als Osterkuchen gebacken.

Die Glocken, die nach dem Volksglauben am Gründonnerstag nach Rom geflogen waren, kamen in der Osternacht zurück. In manchen Gegenden nahm man an, dass sie bei ihrem Flug bunte Eier, ganze Speckseiten oder sogar Stoff für ein neues Kleid auf das Land regnen ließen. Neue Kleider gehörten nämlich auch zu Ostern. Man trug sie zur Ostermesse und die Kinder gingen in ihren neuen Kleidern zu den Großeltern, von denen sie ein Ostergeschenk bekamen.

DIE GLOCKEN KOMMEN ZURÜCK

EIER ZU OSTERN Das Ei hat schon immer und überall auf der Welt besondere Bedeutung für den Frühling und die Wiederkehr des Lebens gehabt. Im alten China und in Persien schenkte man sich zum Frühlingsfest gefärbte und bemalte Eier. Im alten Ägypten legte man sie den Toten als Beigabe mit ins Grab, damit diese bei ihrem Weiterleben im Jenseits nicht hungern mussten. Bei den Juden gehört das Ei als Symbol der Natur und des ewigen Lebens zu den Pessach-Speisen. Im 5. Jahrhundert erkannte die Kirche das Ei als Symbol für die Auferstehung Christi an: »Am Ostertage soll jeder Christ ein Ei essen«.

DAS ROTE EI
In Österreich hieß noch bis zu Anfang des letzten Jahrhunderts jedes Ostergeschenk »rotes Ei«.

Im 13. Jahrhundert wird erstmals über gefärbte Ostereier berichtet. Die Christen bemalten die Eier anfangs meist rot, denn diese Farbe ist ein Sinnbild für das Blut Christi, aber auch für Leben, für Liebe und für Königswürde. In Griechenland färbt man am Gründonnerstag die Eier. Er heißt dort bis heute »roter Donnerstag«, weil für die Griechen nur ein rotes Ei wirklich ein Osterei ist.

KOSTBARE EIER
Vor 200 Jahren verschenkte man ausgepustete Eier, in denen Holzstäbchen mit gereimten Osterwünschen steckten.

Über die Jahrhunderte haben sich viele Techniken entwickelt, wie man das Osterei gestalten kann. Natürlich müssen nicht alle so kostbar sein wie die Ostereier, die der französische Goldschmied Fabergé im 18. Jahrhundert für den russischen Zaren aus Gold, Silber und Edelsteinen anfertigte. Besonders in Osteuropa wurden Holzeier vergoldet oder mit religiösen

Motiven bemalt. In Frankreich waren die Porzellaneier aus Limoges berühmt, in Italien stellte man sie aus Glas her und in Österreich und England aus Email.

MACH MIT: ROHE, AUSGEPUSTETE ODER HART GEKOCHTE EIER

Heute gibt es viele Arten, Ostereier herzustellen. Jede Familie hat ihre Geheimrezepte, zum Beispiel diese: Rohe Eier kocht man am besten gleich mit der Farbe und mit einem Schuss Essig im Wasser – dann leuchtet die Farbe mehr. Ausgepustete Eier sollte man nicht zu fest anfassen, wenn man sie bemalt oder mit Blumen, Perlen oder Federn beklebt. Hart gekochte Eier glänzen besonders schön, wenn man sie nach dem Färben mit Speck einreibt.

MACH MIT: KRESSE-EIER

Zutaten: Kressesamen, Eierbecher, halbe leere Eierschalen (vielleicht vom Frühstück oder vom Backen), Watte, Wasser.

Macht doch mal mit Eiern einen essbaren Osterschmuck! Dafür müsst ihr aber ein paar Tage vor Ostern anfangen.

So geht's: Die leeren Eierschalen vorsichtig reinigen, mit Watte auslegen und die Watte anfeuchten. Kressesamen gleichmäßig auf der Watte verteilen. Die Eier in Eierbechern auf die Fensterbank stellen und die Watte feucht halten. Nach ein paar Tagen fangen die Samen schon an zu keimen. Wenn sie 2 cm hoch sind, könnt ihr die Pflänzchen ernten. Kresse schmeckt gut zu Salaten – und zu Eiern!

WIESO EIN HASE?

Vielleicht wird er mit Ostern in Verbindung gebracht, weil er schon sehr lange ein Sinnbild für den Frühling ist.

Früher sollen ja auch Fuchs, Storch, Kuckuck oder Esel die Ostereier versteckt haben. Aber der Hase hat im Laufe der Zeit gegen die anderen Tiere gewonnen. Schon im Mittelalter hat es gebackene Osterlämmer gegeben. Wenn sie dem Bäcker missglückt waren und zu lange Ohren hatten, sahen sie eher aus wie Hasen …

Zum ersten Mal berichtet der Medizinprofessor Georg Franck aus Heidelberg über Osterhasen. Im Jahr 1678 beschreibt er, wie Erwachsene und Kindern »Haseneier« im Gras suchen. Im Elsass, in der Pfalz und am Oberrhein bis nach Zürich ist der Osterhase als Eierbringer schon lange bekannt. Die Kinder »jagten den Hasen« im Garten – und fanden dabei bunte Ostereier.

EIERSPIELE Neben dem Eiersuchen gibt es natürlich noch unzählige Spiele mit Eiern, die man zum Teil schon im Mittelalter gespielt hat. Eierticken oder Eierschlagen kann man schon am Frühstückstisch spielen. Es geht darum, dass zwei Spieler ihre Ostereier mit den gleichen (spitzen oder stumpfen) Enden aneinander stoßen. Wessen Ei dabei ganz bleibt, der darf es gegen einen neuen Gegner noch mal versuchen. Und wer dazu ein Gipsei nimmt, der ist ein Spielverderber!

Schon im Mittelalter hat man Eierrollen oder Eierwerfen gespielt. Hart gekochte Eier werden dabei einen Hügel hinuntergerollt oder über einen Busch geworfen. Wer am Ende die meisten heilen Eier hat oder wessen Eier am weitesten geflogen oder gerollt sind, der hat gewonnen.

Auch der Eierwettlauf ist ein sehr altes Spiel. Man muss ein Ei auf einem Esslöffel balancieren und dabei eine bestimmte Strecke um ein Ziel herum und wieder zurück laufen. Das Ei darf natürlich nicht hinfallen.

OSTERUMGÄNGE

Gleich nach der Morgenmesse am Ostertag zogen Reiter auf die Felder hinaus und sangen Osterlieder dabei. Man glaubte, dass das Korn so besser gedeihen konnte. In manchen Gegenden ziehen Reiter heute noch an Ostern in Prozessionen zur Kirche oder zu einer Kapelle und lassen ihre Tiere segnen.

OSTERESSEN

Schon im 12. Jahrhundert ließen die Menschen Eier und andere Speisen zu Ostern in der Kirche segnen. Sie wollten die lange Fastenzeit mit geweihten Speisen würdig beenden. Früher nahm man die geweihten Speisen gleich auch für das Ostermahl. Es gab Eiersuppe, Speck und Schinken. Lamm- oder Hasenbraten, gebratene oder geschmorte Hühner, Kalbsbraten und die verschiedensten Eiergerichte haben sich in Europa als Osterspeisen verbreitet.

OSTERSPIELE

Schon im Mittelalter sind die Menschen am Ostersonntag auf eine Wiese vor die Stadt gezogen und haben Oster-Ballspiele gespielt. Besonders die Mädchen und Frauen freuten sich auf dieses Ereignis und stellten die Bälle für die Spiele aus buntem oder bemaltem Leder selbst her. Die Bälle wurden wie heute geworfen oder mit der Hand oder einem Stock geschlagen. Aber es gab auch Wettläufe (nicht nur mit Eiern) zu Fuß oder auf Pferden querfeldein über die Wiesen und durch den Wald. Der Sieger war der Osterkönig.

OSTERMONTAG

Der Ostermontag heißt auch Emmaustag. Mit Emmausgängen wird besonders in Süddeutschland an das Ereignis erinnert, wie sich Jesus nach seiner Auferstehung unerkannt den beiden Jüngern auf dem Weg nach Emmaus angeschlossen hat. Emmausgänge sind oft ein kirchliches Ereignis mit Gebet und Gesang. Sie können aber auch einfach ein Spaziergang mit der Familie durch die Natur sein.

Stups, der kleine Osterhase

Stups, der kleine Osterhase,
fiel andauernd auf die Nase;
ganz egal wohin er lief,
immer ging ihm etwas schief.

Neulich legte er die Eier
in die Schuhe von Frau Meier.
Früh am Morgen stand sie auf;
da nahm das Schicksal seinen Lauf:
Sie stieg in die Schuhe rein,
schrie noch einmal kurz »oh nein«.
Als sie dann das Rührei sah,
wusste sie gleich, wer das war.

Stups, der kleine Osterhase,
fiel andauernd auf die Nase;
ganz egal wohin er lief,
immer ging ihm etwas schief.

In der Osterhasenschule
wippte er auf seinem Stuhle
mit dem Pinsel in der Hand,
weil er das so lustig fand.
Plötzlich ging die Sache schief,
als er nur noch »Hilfe« rief,
fiel der bunte Farbentopf
ganz genau auf seinen Kopf.

Stups, der kleine Osterhase,
fiel andauernd auf die Nase;
ganz egal wohin er lief,
immer ging ihm etwas schief.

Bei der Henne Tante Berta
traf das Schicksal ihn noch härter,
denn sie war ganz aufgeregt,
weil sie grad' ein Ei gelegt.
Stups, der viele Eier braucht',
schlüpfte unter ihren Bauch.
Berta, um ihn zu behüten,
fing gleich an ihn auszubrüten.

Stups, der kleine Osterhase,
fiel andauernd auf die Nase;
ganz egal wohin er lief,
immer ging ihm etwas schief.

Paps, der Osterhasenvater,
hat genug von dem Theater
und er sagt mit ernstem Ton:
»Hör mal zu, mein lieber Sohn!
Deine kleinen Abenteuer
sind mir nicht mehr ganz geheuer!«
Stups, der sagt: »Das weiß ich schon,
wie der Vater, so der Sohn.«

Stups, der kleine Osterhase,
fiel andauernd auf die Nase;
ganz egal wohin er lief,
immer ging ihm etwas schief.

Rolf Zuckowski

Sommerzeit

DIE UHR WIRD UMGESTELLT

Am letzten Wochenende im März wird die Uhr in der Nacht von Samstag auf Sonntag um eine Stunde von 2.00 Uhr auf 3.00 Uhr vorgestellt. Der Sonntag hat also eigentlich nur 23 Stunden. Die Sommerzeit fängt damit an, dass sie uns eine Stunde stiehlt!

Seit 1980 gibt es die Zeitumstellung auch in Deutschland und seit 2001 sind Anfang und Ende der Sommerzeit für die Länder der Europäischen Gemeinschaft geregelt. Fahrpläne und Flugpläne können in ganz Europa so besser abgestimmt werden.

Keine Sorge: Die gestohlene Stunde bekommen wir wieder. Ende Oktober werden die Uhren wieder umgestellt, wenn die Winterzeit anfängt.

April nannten die Römer den Monat, in dem die Natur anfing zu sprießen und zu wachsen (lat. *aperire* = öffnen). Die Römer glaubten, dass sich im Monat April nach dem langen Winter die Blüten und Knospen ebenso öffnen wie die Herzen der Menschen.

NAMEN FÜR DEN APRIL Ostermond heißt er, weil das Osterfest meist in den April fällt. Keimmonat oder Knospenmonat sind andere alte Namen. Launing wurde er genannt, weil er auf jeden Fall das launischste Wetter bringt.

April, April, der macht, was er will.

April warm, Mai kühl, Juni nass,
füllt dem Bauer Scheuer und Fass.

Regnet's in die Osterglocken,
wird der ganze Sommer trocken.

DIE NATUR IM APRIL

Im April solltet ihr euch nicht ohne Kapuze oder Schirm aus dem Haus trauen. Auch wenn die Sonne scheint, kann es plötzlich Regenschauer geben! Der Wind bläst kräftig und jagt tiefe, graue Wolken über den Himmel. Kurz darauf ist der Spuk vorbei. Die Wolken sind verschwunden und der Himmel ist wieder strahlend blau.
Wenn ihr genau hinhört, könnt ihr neben allem Vogelgezwitscher den Kuckuck rufen hören. Die Bäume haben wieder junge Blätter und er kann sich gut darin verstecken. Auch die Nachtigall beginnt zu singen.
Igel haben ihren Winterschlaf beendet und gehen meistens abends und nachts schnaufend auf Nahrungssuche. Es gibt immer mehr Schmetterlinge und auch die Marienkäfer fliegen jetzt wieder.

1. April: Narrentag!

»IIIH!, DU HAST EINE SPINNE IM HAAR!«

Springt ihr nicht auch hoch, wenn ihr so einen Satz hört? Und findet ihr es nicht auch gemein, wenn ihr dann mit »April, April!« ausgelacht werdet? Damit müsst ihr euch abfinden. Narren werden nun mal in den April geschickt. Früher schickten die Väter ihre Kinder in den April oder Meister ihre Lehrlinge. Narren waren immer die Jüngeren oder noch nicht so Schlauen. Würdet ihr euch in Geschäfte schicken lassen, um Flohbeine, Mückenfett, Kieselsteinöl oder Stecknadelsamen zu kaufen? »April, April!«

WER HAT DEN ERSTEN APRILSCHERZ GEMACHT?

Man weiß nicht genau, wann dieser Brauch entstanden ist. Die Römer haben im April ein Narrenfest gefeiert – das könnte ein Ursprung sein. Vielleicht liegt es aber auch am launischen Wetter in diesem Monat. Oder der 1. April ist ein Rest von Fastnacht, wo es schließlich um Narren geht. Vielleicht ist ein Ursprung aber auch ein Reichstag in Augsburg, der am 1. April 1530 tagen sollte, aber nicht stattfand. Eine Münzreform sollte beschlossen werden. Viele Spekulanten verloren dabei ihr Geld. »April, April!«

NARREN AUF DER GANZEN WELT?

In den Ländern des Islam, wo Lügen jeglicher Art als schwere Sünde gelten, kennt man keine Aprilscherze.

In Frankreich heißt ein Aprilnarr *Poisson d'Avril*, also »Aprilfisch«. Die Kinder heften den Erwachsenen am 1. April nämlich heimlich Papierfische auf den Rücken. In England, Amerika, Südafrika, Indien und Australien ist der 1. April der *April Fool's Day*, der »Tag des Aprilnarren«. Überall freuen sich die Menschen darüber, wenn sie am 1. April jemanden so richtig reinlegen können und der darf sich noch nicht mal ärgern! Er wird sogar Aprilesel, Aprilbock, Aprilkalb oder Aprilochse genannt und muss auch noch zugeben, dass er einer ist. Schickt ruhig Leute in den April, aber treibt es nicht zu bunt. Schadenfreude ist nicht mehr lustig, wenn aus einem Scherz ein wirklicher Schaden entsteht. Dann seid ihr die Aprilesel!

Weißer Sonntag

Der Weiße Sonntag ist der erste Sonntag nach Ostern. Im Mittelalter fanden in der Osternacht Taufen statt. Die Täuflinge trugen weiße Gewänder und legten sie erst wieder eine Woche nach Ostern am Weißen Sonntag ab. Weiße Kleider, Kerzen oder Blumen sind Sinnbilder für Unschuld und Reinheit.

Seit dem 17. Jahrhundert hat sich der Weiße Sonntag in katholischen Gegenden immer mehr als der Tag der feierlichen Erstkommunion durchgesetzt. Kinder zwischen 9 und 10 Jahren tragen in Erinnerung an ihre eigene Taufe eine Tauf- oder Kommunionkerze in der Hand. Die Mädchen sind weiß gekleidet, die Jungen dunkel. Auch in evangelischen Gemeinden wird oft an diesem Sonntag statt am Palmsonntag die Konfirmation gefeiert.

Jom ha-Schoa

HOLOCAUST
(griechisch Holocaust, hebräisch Schoa = Tötung einer großen Zahl von Menschen)

In jedem Krieg sterben unzählige Menschen, aber das ist mit dem Wort Holocaust nicht gemeint. Holocaust bezeichnet den geplanten Massenmord an Menschen, die einen anderen Glauben haben oder andere Ansichten vertreten. Manche Leute hassen diese Menschen deshalb so sehr, dass sie meinen das Recht zu haben, sie dafür umzubringen.

Zwischen 1939 und 1945, als Adolf Hitler das nationalsozialistische Deutschland regierte, wurden alle Juden Europas wegen ihres Glaubens verfolgt. Wer nicht fliehen konnte, wurde umgebracht. Über sechs Millionen Juden starben. Holocaust oder Schoa bezeichnet dieses Morden.

NICHT NUR EIN JÜDISCHER GEDENKTAG!

Seit 1951 gibt es in Israel am 27. Nissan (etwa unser 19. April) den Jom ha-Schoa, den Gedenktag zur Erinnerung an die Opfer des Holocaust. Der Tag wurde gewählt, weil am 19. April 1943 im jüdischen Ghetto in Warschau ein Aufstand gegen die deutsche Armee ausbrach. Ein Ghetto ist ein abgeschlossenes Wohnviertel in einer Stadt. Menschen werden gezwungen dort zu leben und dürfen es nicht verlassen. Bei diesem Aufstand gegen die Deutschen starben damals in Warschau 50000 Juden.

Zu Beginn des Jom ha-Schoa heulen überall in Israel die Sirenen und rufen die Menschen zu einigen Minuten des Schweigens auf. Die Fußgänger und die Autos auf den Straßen bleiben stehen. Es ist ein schmerzlicher Tag, denn fast alle Familien haben vor sechzig Jahren Verwandte verloren. Die Menschen entzünden Kerzen und beten in der Synagoge für alle jüdischen Opfer des Holocaust.

JOM HA-SCHOA IN ISRAEL
Ein ganzes Land hält für ein paar Augenblicke den Atem an.

In der Gedenkstätte Jad Wa-Schem in Jerusalem werden Blumen und Kränze niedergelegt. Namen und Dokumente von über drei Millionen Holocaust-Opfern sind hier gesammelt, auch die von Kindern. In der Kindergedenkstätte ist es am Jom ha-Schoa still und dunkel. Nur Kerzen brennen und eine Stimme verliest Namen, Alter und den Herkunftsort der Kinder.

JAD WA-SCHEM
(hebräisch = »Denkmal und Name«)

23. April: Tag des heiligen Georg

KRIEGSMANN UND MÄRTYRER

Georg war ein hoher römischer Offizier aus Kappadokien (Türkei). Er ist um 303 n. Chr. zu Zeiten des römischen Kaisers Diokletian als Märtyrer gestorben. Seit dem 4. Jahrhundert wird er als Heiliger verehrt, aber erst seit dem 12. Jahrhundert erzählt man sich seine berühmte Legende.

DER DRACHENTÖTER

Silena lag in der Nähe des heutigen Beirut.

Vor der Stadt Silena in Lybia hauste ein Drache in einem See und verpestete die Stadt mit seinem giftigen Atem. Die Einwohner mussten ihm täglich Lämmer und Schafe opfern und schließlich auch ihre Söhne und Töchter. Als das Los auf die Tochter des Königs fiel, begleitete Georg sie zum See, stürzte sich auf den Drachen und verwundete ihn mit seiner Lanze. Als der König und zwanzigtausend Menschen sich taufen ließen, tötete Georg den Drachen.

GEORG ALS SCHUTZPATRON

Er ist der Nationalheilige von England, Russland und Griechenland.

Vor allem im Osten wurde der heilige Georg als christlicher Held verehrt. Die Kreuzfahrer nahmen ihn zum ritterlichen Vorbild und verbreiteten seine Legende auch im Westen. Kirchen wurden nach ihm benannt und Statuen und Standbilder zeigen ihn als Ritter auf einem Pferd, der mit seiner Lanze den Drachen durchbohrt. Das Land Georgien ist nach ihm benannt. Er ist der Patron der Soldaten, Bauern, Reiter, Bergleute, Sattler, Schmiede, Pfadfinder und Artisten.

BRAUCHTUM AM GEORGSTAG

»Georgi« ist ein wichtiger Tag im Leben der Bauern. Am Georgstag wurde das Gesinde entlohnt und konnte zu einer anderen Arbeitsstelle wechseln. Kartoffeln wurden gesetzt und das Vieh auf die Weide getrieben. Eine Bauernregel war, dass ab jetzt die Felder nicht mehr betreten werden durften, weil man sonst die jungen Pflänzchen zertreten hätte. Seit dem Mittelalter gibt es an diesem Tag Georgsritte mit Pferdesegnungen.

23. April: Welttag des Buches

EIN KATALONISCHER BRAUCH

Am Tag des heiligen Georg war es in Katalonien Brauch, sich Rosen zu schenken. 1923 hatte die Büchergilde in Barcelona, der Hauptstadt Kataloniens, die Idee, dass man an diesem Tag auch Bücher verschenken könnte. Dieser Brauch wurde gerne aufgenommen. Der Tag von Sant Jordi (Sankt Georg) wurde zum katalonischen »Tag des Buches«.
1995 wandte sich Spanien an die UNESCO und stellte den Antrag, den 23. April zum Welttag des Buches zu erklären. Er war so ein Erfolg, dass im Jahr 1996 allein an diesem einen Tag vier Millionen Bücher verkauft wurden.

(United Nations Educational, Scientific and Cultural Organization = Organisation der Vereinten Nationen für Bildung, Wissenschaft, Kultur und Kommunikation)

EIN TAG FÜR BÜCHER

Bei der Wahl des Datums ging es auch um berühmte Autoren wie den Engländer William Shakespeare (1564–1616) und den Spanier Miguel de Cervantes (1547–1616). Sie sind am 23. April gestorben. Man erinnert sich also auch an sie.

ES IST VIEL LOS AM 23. APRIL

In Bibliotheken, Büchereien und Buchhandlungen gibt es Lesungen mit Autoren und Autorinnen und neue Bücher werden vorgestellt. Im Jahr 2003 gelang ein besonderes Experiment. An einem einzigen Tag wurde ein Buch von mehreren Autoren geschrieben, danach gedruckt und gebunden, am Abend gelesen und besprochen. Das Thema war »Tempo«!

Die kleine Geschichte, die ein großes Buch werden wollte

I. Wo die Geschichte anfängt

Da war einmal eine ganz, ganz kleine Geschichte, die nicht mehr maß als zwei Zeilen: »Es war einmal …« und »Ende«.

Ihre Mama war eine sehr wichtige *Wissenschaftliche Zeitschrift,* die jede Woche ein anderes Titelbild hatte, und ihr Papa ein stattlicher Band *Bürgerliches Recht.* Bevor sie ins Bett ging, suchte die kleine Geschichte das Regal ihres Vaters auf, wo dieser stets neben anderen sehr ernsthaften Büchern stand. Dann unterbrach er jedes Mal seine momentane Beschäftigung, sagte seinem Kind Gute Nacht und ließ es sogar mit dem Lesebändchen spielen, das glatt und bunt war und am Ende eine Quaste hatte, die der kleinen Geschichte sehr gefiel. Ihre Mama dagegen war abends oft nicht zu Hause, weil sie an irgendeinem Essen mit Gelehrten und Nobelpreisträgern teilnahm.

Die kleine Geschichte wusste genau, dass sich ihre Eltern große Sorgen machten, weil sie nicht wuchs. Ein anderes Kind aus dem englischen Regal, das genauso alt war und vor ein paar Monaten nicht mehr gemessen hatte als ein »Once upon a time … »und ein »The end«, erzählte nun schon eine ganze Menge Sachen und konnte sogar zweifarbige Zeichnungen vorweisen, die wunderbar anzusehen waren. Frau Zeitschrift war womöglich gerade auf einem Kongress in Reykjavik, als es ihr plötzlich einfiel und sie einen Wissenschaftler oder Forscher fragte: »Ach! Was kann ich nur tun, damit meine kleine Geschichte wächst?« Und sie gaben ihr alle möglichen Ratschläge, wie zum Beispiel sie immer wieder in ein anderes Regal zu stellen oder ihr interessante Dinge zu erzählen, damit sie etwas lernte. Aber es nutzte alles nichts.

II. Das Sechzehner-Einmaleins

Ganz im Gegensatz zu anderen Kindern gehen kleine Bücher nur zwei Tage die Woche in die Schule und ruhen sich an den anderen fünf Tagen aus. Sie haben nämlich, solange sie noch klein sind, ein sehr schweres Leben, und deshalb brauchen sie die Pausen. Sicher habt ihr schon oft darüber gestaunt, wie ordentlich Bücher geschrieben sind: gerade Zeilen, alle Buchstaben gleich groß – ganz zu schweigen von der Rechtschreibung! Die kleinen Bücher pauken wie die Verrückten Schönschreiben (damit die Seiten alle gleich und schön aussehen), das Alphabet (um Register und ordentliche Verzeichnisse erstellen zu

können), die römischen Zahlen (für die Kapitel) und die Rechtschreibung (damit man weiß, wo die Hs und die CKs hingehören).

Unsere kleine Geschichte war sehr fleißig, denn sie wusste, dass schlampige Bücher sofort auffallen, weil ihnen Druckfehler passieren. Ein Druckfehler ist für Bücher das, was für unsereinen ein Fleck oder ein Tintenklecks ist. Zum Beispiel steht dann nicht *lustig* da, sondern *lutsig* und auch wenn man manchmal trotzdem weiß, was es heißen soll, ist es hässlich.

Dienstags und freitags ging die kleine Geschichte also in die Schule. In der ersten Stunde hatten sie Schönschreiben, und die kleine Geschichte schlief dabei fast immer ein, aber die Lehrerin, die sehr schlau war, wusste schon, wie sie ihre Schüler zum Aufpassen brachte.

»Sprecht mir nach: Kartoffelchips!«

Das gefiel den Mädchen und Jungen und sie schrien:

»Kartoffelchips!«

»Und jetzt kursiv«, verlangte die Lehrerin.

»Kartoffelchips!«, riefen sie begeistert.

»Und jetzt fett.«

»Kartoffelchips!«

»Lauter!«

»KARTOFFELCHIPS!«

Und hinterher schenkte sie ihnen natürlich ein paar Tüten Chips, denn sonst wäre es gemein gewesen.

Einmal die Woche bekamen die kleinen Bücher Zeichenunterricht, weil man manchmal einen Piraten oder ein Schiff malen muss. Manchmal muss man aber auch zeigen, wie eine Person aussieht, oder eine Abbildung machen, um etwas zu erklären, und das ist alles gar nicht so einfach. Die kleinen Geschichten haben zum Beispiel Buchdeckel mit großen, bunten Bildern, während bei manchen ernsten Büchern vorne nur der Titel mit schönen, dicken Buchstaben geschrieben steht. Aber man muss sich ganz schön anstrengen, um sie ordentlich hinzukriegen!

Alle kleinen Bücher, ob Jungen oder Mädchen, bekommen auch Unterricht im Nähen, denn ihr habt bestimmt schon gesehen, dass viele von ihnen aus einzelnen, am Rücken zusammengenähten Bogen bestehen. Das ist sehr praktisch, weil sie sich dann nicht auflösen und die Seiten nicht herausfallen. Und genau in diesem Fach gehörte unsere kleine Geschichte zu den Klassenbesten.

Fast hätte ich es vergessen: Neben dem kleinen Einmaleins bis neun müssen die kleinen Bücher auch das Sechzehner-Einmaleins können! Dafür gibt es einen Grund: Bücher wachsen nicht so wie wir, einen Millimeter nach dem anderen und einen Zentimeter nach dem anderen, sondern in Sprüngen von sechzehn Seiten. Fast alle Bücher setzen sich aus Bogen dieses Formats zusammen, sodass sie am Schluss keine x-beliebige Zahl von Seiten enthalten können, sondern … Aber das erfahrt ihr, wenn ihr zuhört, wie die Klasse der kleinen Geschichte das Sechzehner-Einmaleins übt:

»Sechzehn mal zwei ist zweiunddreißig,
sechzehn mal drei ist achtundvierzig
sechzehn mal vier ist vierundsechzig,
…
sechzehn mal sechzehn ist zweihundertsechsundfünfzig! »

Jedenfalls seht ihr, dass die Ausbildung eines Buches ziemlich kompliziert ist. Wenn sie älter werden und mit der Schule fertig sind, erhalten sie eine besondere Auszeichnung: ein geheimnisvolles Zeichen, das auf eine der ersten Seiten kommt und so aussieht: ©. Keiner weiß so recht, was es bedeutet, aber ich bin mir sicher, dass es ein Diplom dafür ist, etwas so Schwieriges geschafft zu haben.

Josè Antonio Millán

23. April: Türkisches Kinderfest

Dieses Fest der Kinder wird zu Ehren des ersten Präsidenten der Türkei Kemal Atatürk (1881–1938) gefeiert. Am 23. April 1920 gründete er das erste türkische Parlament in Ankara. Sieben Jahre später wurde beschlossen, diesen Staatsfeiertag den Kindern zu schenken und jedes Jahr zu feiern.

ÇOCUK BAYRAM – FEST DER KINDER
(Atatürk = »Vater der Türken«)

Die Kinder stehen natürlich im Mittelpunkt. Sie dürfen an diesem Tag oft in den Schulen die Lehrer spielen oder im Parlament auf den Sesseln der Abgeordneten sitzen. Auf jeden Fall wird dieses Fest mit Liedern, Theaterstücken, Tänzen, Umzügen und leckerem Essen so richtig gefeiert.

DIE KLEINEN SIND DIE GROSSEN

In den letzten Jahren ist dieses Fest auch in den Kindergärten und Grundschulen in Deutschland und in Österreich Brauch geworden. Türkische und deutsche oder österreichische Kinder feiern das Fest gemeinsam. Wenn man zusammen lacht und spielt, lernt man sich am besten kennen und verstehen. Und wann ist eine bessere Gelegenheit dazu als bei einem Kinderfest?

ALLE KINDER MÖGEN FESTE

Maulid

Am 12. Tag des dritten islamischen Monats Rabi al-awwal wird Maulid, der Geburtstag des Propheten Mohammed, gefeiert. Aber nicht überall in der islamischen Welt wird er auf die gleiche Art begangen. Manche Länder, wie Saudi-Arabien, gehen davon aus, dass der Prophet dies nicht wollte. Er sah nicht sich, sondern den Koran, das heilige Buch des Islam, als das Wichtigste an. In Ägypten dagegen ist Maulid ein fröhlicher Festtag, an dem Kinder Süßigkeiten geschenkt bekommen. Besondere Speisen werden zubereitet und – wie an allen Feiertagen – an Arme verteilt.

DER GEBURTSTAG DES PROPHETEN
Süße Speisen sind an diesem Tag besonders wichtig, zum Beispiel mit Safran goldgelb gefärbter Reispudding.

MOHAMMED ALS VORBILD

Überall jedoch wird der Geburtstag Mohammeds als ein feierlicher Gedenktag mit Gebeten und religiösen Liedern begangen. Die Moscheen sind festlich beleuchtet, denn Licht ist eng mit der Geburt des Propheten verknüpft. Es wird aus seinem Leben erzählt. Ein besonderes Gedicht, das *Maulud*, berichtet über die Geburt Mohammeds, über seine Familie, seine Taten und seine Persönlichkeit. Es wird gesagt, dass ein *Maulud* segensreiche Kräfte besitzt, denn es preist Gott dafür, dass er den Propheten gesandt hat. Wer es vorträgt, bringt Friede und Segen über sein Haus und wendet Unglück, Diebe und Feuer ab.

30. April: Walpurgisnacht

HEXEN, DÄMONEN UND GEISTERSPUK

Die Nacht vom 30. April auf den 1. Mai war schon in alter Zeit etwas Besonderes. Man glaubte, dass sich die Hexen auf ihren Besen zum Blocksberg aufmachten und dort mit dem Teufel um ein Hexenfeuer tanzten. In dieser Nacht sollten Zaubermächte wirken. Menschen wurden verwandelt, Pflanzen wuchsen nicht mehr, das Reich der Elfen und Zwerge öffnete sich.

EINE ALTE GESCHICHTE

Im 8. Jahrhundert lebte der Volksstamm der Sachsen in einem Gebiet zwischen Nordsee, Niederrhein und Thüringen. Damals waren die Sachsen noch Heiden und feierten im Harz gemeinsam Frühlingsfeste für ihre Götter. Nachdem sie von den Franken unter Karl dem Großen (747–814) besiegt und zum Christentum bekehrt worden waren, sollen sie sich weiter auf dem Brocken, dem höchsten Berg des Harzes, getroffen haben. Sie mussten aber mit Todesstrafen rechnen, wenn man sie bei heidnischen Festen antraf. Man nimmt an, dass sie sich zur Abschreckung verkleidet haben. So sollen die Spukgeschichten um die Hexen entstanden sein.

DIE HEILIGE WALPURGIS

Um dem heidnischen Treiben ein Ende zu setzen, widmete die Kirche die Nacht zum 1. Mai und den 1. Mai selbst der heiligen Walburga oder Walpurgis. Ihr Onkel, der heilige Bonifatius, Patron von Thüringen, hatte die englische Königstochter 748 ins Sachsenreich geholt, damit sie dabei half, die Menschen zum Christentum zu bekehren. Walpurgis wurde Äbtissin im Benediktinerkloster Heidenheim und starb dort im Jahr 779. Sie ist die Patronin der Bäuerinnen und Mägde und schützt Haustiere und Feldfrüchte.

BRÄUCHE GEGEN HEXEN

Aber auch der Tag der heiligen Walpurgis hat nichts gegen den Hexenglauben ausgerichtet. Auf den Feldern und Hügeln wurden Hexenfeuer abgebrannt, um diese letzten Wintergeister zu vertreiben, bevor der Mai begann. In vielen Gegenden bis nach Schweden und England verkleideten sich Kinder in dieser Nacht und feierten mit viel Krach und Getöse. Spukgeschichten wurden erzählt, damit es so richtig gruselig war. Aber vorher stellte man die Rechen und Mistgabeln kreuzweise vor die Stalltür oder malte gleich Kreuze auf die Haustüren, denn daran konnten die Hexen nicht vorbei!

MACH MIT: ZAUBERJAGD

Wenn es am 30. April schön gruselig dämmrig wird, spielt doch dieses Spiel! Es ist nicht gerade wie Quidditch, aber ziemlich spannend für Muggels ohne Besen!

So geht's: Der Zauberjäger läuft mit seinem Zauberstab hinter den anderen Spielern her. Berührt er einen mit dem Stab, muss der in seiner Bewegung erstarren und so bleiben, bis die anderen ihn mit der Hand berühren. Dann ist er frei. Aber seine Retter schweben in höchster Gefahr, auch verhext zu werden. Sind drei hintereinander verzaubert worden, dann ist der Letzte der drei der nächste Zauberjäger und bekommt den Zauberstab.

Der Mai hat seinen Namen vermutlich von der italischen Göttin Maia, der Göttin der Erde und des Wachstums, oder von dem römischen Göttervater Jupiter Maius, dem Herrn über Blitz und Donner, Regen und Sonnenschein. Aber oft steht sein Name einfach für den Frühling, denn er ist der erste warme Monat im Jahr.

Andere Namen sind Hochzeitsmonat, Wonnemonat, Blumenmonat oder Walpurgismonat. Weidemonat heißt er auch, weil das Vieh aus den Ställen auf die Weide getrieben wird. Marienmonat wird er genannt, weil er der Muttergottes geweiht ist.

NAMEN FÜR DEN MAI

Mairegen bringt Segen,
da wächst jedes Kind,
da wachsen die Blätter,
die Blumen geschwind.

Vor Nachtfrost bist du sicher nicht,
bevor Sophie vorüber ist.

Überall blühen jetzt Blumen, Obstbäume, Weißdornhecken und die gelben Rapsfelder. Und es gibt die ersten Erdbeeren! Die Sonne kann schon sehr heiß scheinen. Trotzdem gibt es im Mai noch Nachtfröste, die eine ganze Obsternte zerstören können. Besonders Mitte Mai zur Zeit der »Eisheiligen« sind Fröste gefürchtet.
Die Libellen schlüpfen gegen Ende Mai und wenn ihr viel Glück habt, findet ihr sogar einen echten Maikäfer!

DIE NATUR IM MAI

Komm, lieber Mai und mache

Text: Christian Adolph Overbeck,
Melodie: Wolfgang Amadeus Mozart

2. Ach, wenn's doch erst gelinder
und grüner draußen wär!
Komm, lieber Mai, wir Kinder,
wir bitten gar zu sehr!
Oh komm und bring vor allem
uns viele Veilchen mit,
bring auch viel Nachtigallen
und schöne Kuckucks mit.

1. Mai: Maifeiertag

Zu Ehren der Göttin Maia, der Göttin der Erde und Fruchtbarkeit, wurde schon in Rom ein Frühlingsfest gefeiert. Heute ist der 1. Mai in katholischen Gegenden der Beginn des Marienmonats und wird mit täglichen Maiandachten gefeiert. Zu Zeiten der Ritter im Mittelalter ging man hinaus auf die Wiesen vor die Burg, aß und trank, tanzte und spielte. Seit dem 13. Jahrhundert wurde dabei auch eine Maikönigin gewählt. Aus Frankreich stammen die Maiumzüge, bei denen die Menschen zu Pferd oder zu Fuß über die Felder und durch die Städte zogen und den Mai begrüßten.

DER MAI IST GEKOMMEN
Seit dem 8. Jahrhundert wird der Mai mit frischem Birkengrün festlich begrüßt.

Eine meist abgeschälte Fichte mit einer kleinen Krone wird in der Mitte des Ortes aufgestellt. Oft trägt sie einen mit bunten Bändern verzierten Maikranz oder auch mehrere Querstäbe, auf denen Holzfiguren oder Wappen der Handwerkszünfte angebracht sind. Die Bäume können bis zu 30 Meter hoch sein. Dörfer wettstreiten oft darum, wer den höchsten Maibaum hat. Beim Wettklettern der jungen Männer ist der Stamm des Maibaumes zwar mit Schmierseife eingerieben, aber wenn man auf Hände und Füße Asche streicht, schafft man es trotzdem den Stamm hinauf.

DER MAIBAUM
Seit dem 16. Jahrhundert ist es Brauch, einen Maibaum aufzustellen.

MAI-TÄNZE
Auch heute noch wird in den Mai getanzt und dabei Maibowle aus Wein und Waldmeister getrunken.

Danach wird um den Maibaum getanzt. Dabei ist der Bändertanz wohl der schwierigste Tanz. Von der Krone des Maibaums hängen so viele lange Bänder herunter, wie es Tänzer gibt. Beim Tanzen werden die Bänder in einer genauen Schrittfolge miteinander verflochten und danach wieder aufgelöst. Es gelingt nicht immer, aber es ist ein großer Spaß.

MAI-BRÄUCHE IN EUROPA
In England brachten sich die Kinder heimlich Blumenkörbe. Wenn man dabei »erwischt« wurde, bekam man Kuchen oder Süßigkeiten.

Sträuße aus Maiglöckchen schenkt man sich gegenseitig in Frankreich. In Österreich war der 1. Mai der Tag, an dem man zum ersten Mal wieder in der offenen Kutsche durch den Prater fahren konnte. Wer keine Kutsche hatte, spazierte zu Fuß durch die Auen an der Donau. In Süddeutschland und in der Schweiz zogen Kinder durch die Dörfer und sangen dabei Mailieder. Dafür bekamen sie Kuchen und andere leckere Sachen geschenkt.
In England wählte man seit dem Mittelalter auch einen Maikönig. Neben den Maibaum wurde eine Hütte aus grünem Laub aufgestellt. Darin saß der Maikönig, wählte sich eine Maikönigin und einen Hofstaat. Verkleidet spielten alle den ganzen Tag ihre Rollen. Dazu kamen Musiker und Tänzer, Umzüge mit Figuren von Frühling und Winter, Lieder wurden gesungen und am Schluss ein Festmahl gegessen.

1. Mai: Tag der Arbeit

EIN BESONDERER FEIERTAG
Der »Tag der Arbeit« ist in 132 Ländern der Welt ein gesetzlicher Feiertag.

Der 1. Mai wird schon seit 100 Jahren auch als »Tag der Arbeit« gefeiert. Er ist aus der Arbeiterbewegung des 19. Jahrhunderts entstanden. Schon um 1850 hatten Arbeiter in den USA gefordert: »Acht Stunden Arbeit, acht Stunden Erholung, acht Stunden Schlaf am Tag«. Sie mussten damals täglich zehneinhalb Stunden arbeiten.

Im Jahr 1889 beschloss der Arbeiterkongress in Paris, den 1. Mai 1890 als ersten Tag der Arbeit zu feiern. Seine Ziele sind für uns heute normal: Verbot von Kinderarbeit, ein Gesetz zum Schutz der Arbeiter, den Acht-Stunden-Tag und pro Woche mindestens 36 Stunden Ruhepause.

EIN BESCHLUSS IN PARIS

Erst ab 1914 dauerte ein Arbeitstag zehn Stunden, 1918 dann acht Stunden. Bis 1918 war es ein Kündigungsgrund, wenn man am 1. Mai nicht arbeiten ging, sondern demonstrierte. Im Jahr 1919 dann erklärte die Weimarer Nationalversammlung den 1. Mai zum arbeitsfreien Tag in Deutschland und seit 1933 ist er ein gesetzlicher Feiertag. Im Jahr 1957 wurde erreicht, dass auch der ganze Samstag arbeitsfrei war. Das bedeutete 48 Stunden Ruhepause pro Woche.
Heute treten die Gewerkschaften am 1. Mai mit Reden und Kundgebungen für die Rechte der Arbeitnehmer ein.

DER GESETZLICHE FEIERTAG

12. bis 15. Mai: Die Eisheiligen und die »Kalte Sophie«

Vom 12. bis 14. Mai feiert man die drei Eisheiligen Pankratius, Servatius, Bonifatius und am 15. Mai die heilige Sophia, die »kalte Sophie«. Die Bauern fürchten diese Tage, weil die Winterkälte noch einmal mit Nachtfrösten und Schnee zurückkommen kann. Viele Wetterregeln zählen die Namen der Heiligen auf, aber das liegt nur am Datum ihrer Festtage. Mit ihnen selbst hat es nichts zu tun.

»VOR BONIFAZ KEIN SOMMER«

Pankratius lebte Anfang des 4. Jahrhunderts zu Zeiten des Kaisers Diokletian in Rom. Die Legende berichtet, dass der Sohn einer reichen römischen Familie nach dem Tod seiner Eltern mit seinem ererbten Vermögen den verfolgten Christen half. Aber auch er wurde gefangen genommen und für seinen christlichen Glauben enthauptet.

PANKRATIUS
Er ist der Patron der Kinder.

SERVATIUS Servatius war der Sohn jüdischer Eltern aus Armenien und wurde um 340 Bischof von Tongern (heute Belgien). Nach der Legende soll ihn ein Engel von Jerusalem nach Tongern geführt und zum Bischof geweiht haben. Und wenn er predigte, sollen alle Zuhörer ihn in ihrer eigenen Muttersprache verstanden haben. Zahlreiche Wunder werden ihm zugeschrieben. Die Servatius-Kirche in Maastricht ist die älteste Kirche der Niederlande. Sie wurde über seinem Grab erbaut.

BONIFATIUS VON TARSUS Bonifatius wurde von einer reichen Römerin beauftragt nach Tarsus (heute Türkei) zu reisen, um von dort die Gebeine christlicher Märtyrer nach Rom zu holen. Als Bonifatius die Christenverfolgungen in Tarsus miterlebte, ließ er sich auch taufen und starb um 306 als Märtyrer.

SOPHIA VON ROM Auch die junge Römerin Sophia starb im Jahr 304 unter Kaiser Diokletian wegen ihres christlichen Glaubens. Sie ist die Patronin für das Wachsen der Feldfrüchte.

»NACH DER SOPHIE KEIN FROST« Vor den Eisheiligen werden keine Blumen im Garten ausgesät und in vielen Gegenden setzen die Bauern erst die jungen Stecklinge auf die Felder, wenn die »kalte Sophie« vorbei ist. Dann wird auch erst das Vieh auf die Weiden getrieben.

Muttertag

Im 13. Jahrhundert feierte man in England den *Mothering Day*. Damit war zwar die »Mutter Kirche« gemeint, aber schnell wurden Mütter im Allgemeinen von ihren Kindern mit einem Kuchen beschenkt. 1908 rief die Amerikanerin Ann Jarvis den »Gedenktag aller Mütter« zu Ehren ihrer Mutter aus, die sich für die Rechte von Müttern eingesetzt hatte. 1914 wurde dieser Muttertag zum Staatsfeiertag in Amerika. Seit 1923 feiern wir ihn in Deutschland und seit 1945 fast überall in Europa am zweiten Sonntag im Mai.

WOHER KOMMT DER MUTTERTAG?
Schon bei den Griechen und Römern war den Göttermüttern Hera und Juno ein Tag im Jahr gewidmet.

Die meisten Mütter bekommen zum Muttertag Blumen geschenkt, aber viele Kinder malen auch ein Bild, schreiben in schöner Schrift ein Gedicht auf oder denken sich eine andere Überraschung aus. Viele Mütter hätten jedoch lieber keinen besonderen Feiertag, sondern Kinder, die ihnen das ganze Jahr über zeigen, dass sie sie lieb haben.

DER TAG DER BLUMENHÄNDLER

Muttertagsgedicht

Wir wären nie gewaschen
und meistens nicht gekämmt,
die Strümpfe hätten Löcher
und schmutzig wär das Hemd.

Wir äßen Fisch mit Honig
und Blumenkohl mit Zimt,
wenn du nicht täglich sorgtest,
dass alles klappt und stimmt.

Wir hätten nasse Füße
und Zähne schwarz wie Ruß
und bis zu beiden Ohren
die Haut voll Pflaumenmus.

Wir könnten auch nicht schlafen,
wenn du nicht noch mal kämst
und uns, bevor wir träumen,
in deine Arme nähmst.

Und trotzdem! Sind wir alle
auch manchmal eine Last,
was wärst du ohne Kinder?
Sei froh, dass du uns hast!

Eva Rechlin

Christi Himmelfahrt

IMMER AN EINEM DONNNERSTAG
Die Osterkerze wird gelöscht zum Zeichen dafür, dass Christus nun die Erde verlassen hat.

Seit dem 4. Jahrhundert wird genau vierzig Tage nach Ostern, also immer an einem Donnerstag, Christi Himmelfahrt gefeiert. Es ist eins der ältesten christlichen Feste. Die Bibel erzählt, dass Jesus sich nach seiner Auferstehung immer wieder seinen Jüngern gezeigt und mit ihnen gesprochen hatte. Schließlich wurde er vor ihren Augen von einer Wolke emporgehoben und stieg in den Himmel auf.

HIMMELFAHRTS-BRÄUCHE

Im Mittelalter stellte man diese Himmelfahrt in der Kirche sehr bildlich dar. Beim Gottesdienst wurde eine Christusfigur in das Gewölbe der Kirche hinaufgezogen und verschwand durch eine Luke im Kirchendach. Durch die offene Luke regnete es dann Blumen und Heiligenbildchen, für die Kinder auch Gebäck. Nach altem Glauben stand an diesem Tag der Himmel für Gebete weit offen. Bittprozessionen führten die Gläubigen hinaus auf die Felder, wo sie an Bildstöcken oder kleinen Kapellen um den Schutz der Ernte vor Unwettern und um Segen für Haus und Hof beteten.

HEILIGBLUT-PROZESSION

Die berühmteste Prozession findet jedes Jahr in Brügge statt. Menschen aus vielen Teilen Europas erleben, wie die Brügger in prächtigen mittelalterlichen Gewändern durch ihre Stadt ziehen und dabei Szenen aus der Bibel spielen. Seit 1291 feiern sie damit die Ankunft ihrer Reliquie mit dem Blut Christi aus dem Heiligen Land.

VATERTAG
Heute unternimmt oft die ganze Familie einen Ausflug.

Am Himmelfahrtstag wird auch Vatertag gefeiert. Er ist im 19. Jahrhundert aus sommerlichen Familienausflügen und aus den so genannten »Herrenpartien« entstanden. Er war in Vergessenheit geraten, wurde aber vor rund 50 Jahren wieder modern. Die Männer fuhren in Leiterwagen und mit Bier und Schinken versorgt ins Grüne.

Schawuot

Schawuot wird am 6. Siwan (Mai/Juni) 50 Tage nach dem Pessach-Fest gefeiert. Es ist neben Pessach und Sukkot eines der drei Erntedankfeste. Schawuot findet als einziges jüdisches Fest nicht an einem bestimmten Datum statt, sondern sieben Wochen nach Pessach. Nach dem Auszug aus Ägypten wartet man nun auf die Offenbarung auf dem Berg Sinai.

DAS JÜDISCHE WOCHENFEST
(hebräisch Schawuot = »Wochen«)

Schawuot ist auch das »Fest der Gesetzgebung«. Die Juden danken an diesem Tag Gott für seine Gabe der Tora. Sie ist das Kernstück des jüdischen Glaubens. In jedem Gottesdienst wird aus der Torarolle vorgelesen. Sie berichtet auch darüber, wie Gott auf dem Berg Sinai Moses die Gesetzestafeln mit den Zehn Geboten gab. Dieser Moment wird mit Schawuot gefeiert.

DIE TORA
In der Tora sind die fünf Bücher Mose der Bibel aufgezeichnet.

Synagogen und Wohnungen werden zu Schawuot mit Blumen und grünen Zweigen geschmückt. An diesem Tag sollen sogar auf dem Berg Sinai in der Wüste grüne Pflanzen gewachsen sein. Erntefeste werden mit Umzügen gefeiert, von den Häusern wehen Fahnen und bunte Bänder.

ERNTEFESTE

Gott hatte beim Auszug aus Ägypten versprochen, sein Volk in ein Land zu führen, wo Milch und Honig fließen. Deshalb sind zu Schawuot Süßspeisen sehr beliebt: Kuchen in der Form der Gesetzestafeln mit den Zehn Geboten oder kegelförmige Kuchen, die an den Berg Sinai erinnern sollen. Die »sieben Himmel«, große, runde Kuchen aus sieben Schichten, sind ein Sinnbild für die sieben Wochen vor Schawuot, die Omerzeit, in der man jeden Tag bis Schawuot zählt.

MILCH UND HONIG

Schawuot ist auch ein wichtiges Ereignis für die jüdischen Kinder. Sie gehen zum ersten Mal zur Schule. Damit sie sich gerne daran erinnern und um ihnen den Tag zu »versüßen«, bekommen sie besondere Honigkuchen mit Toraversen.

CHEDER – DIE JÜDISCHE GRUNDSCHULE

Pfingsten

PENTEKOSTE
(griechisch Pentekosté = »fünfzigster«)

Fünfzig Tage nach Ostern erinnert das Pfingstfest daran, wie der Heilige Geist auf die Jünger Jesu herabkam, als sie das Schawuot-Fest feierten. Pfingsten wird manchmal auch »Geburtstag der Kirche« genannt. Durch den Geist Gottes, der die Apostel erfüllte, wurden sie stark und mutig für ihre Aufgabe, den christlichen Glauben in der Welt zu verbreiten.
Sinnbilder für den Heiligen Geist sind die Taube und Feuerzungen oder Flammen. Von diesem Sinnbild kommt der Ausdruck »Feuer und Flamme für etwas sein«. Blütenblätter der Pfingstrose regneten manchmal beim Gottesdienst als Feuerzungen auf die Gläubigen herab.

EIN BEWEGLICHES FEST
Es wird frühestens am 10. Mai und spätestens am 13. Juni gefeiert.

Seit dem 4. Jahrhundert feiert man Pfingsten als drittes großes Fest im Kirchenjahr und wie Ostern und Weihnachten auch an zwei Tagen. Weil es sich nach dem Datum des Osterfestes richtet, ist es wie Ostern auch ein »bewegliches Fest«. Früher war Pfingsten neben Ostern der zweite Tauftermin im Jahr. Der englische Name *Whitsun* (»Weißer Sonntag«) erinnert an die weißen Gewänder der Getauften.

GRÜNE ZWEIGE UND ANDERE BRÄUCHE

Zu Pfingsten werden die Kirche und der Altar mit frischen grünen Zweigen geschmückt und bei Pfingstritten um die Felder bittet man um Segen für die Saat. Die Pfingstmilch war die am Pfingsttag gemolkene Milch. Ganz anders als sonst gehörte sie an diesem Tag den Mägden, die sie gemolken hatten. Sie luden ihre Freunde ein und kochten eine Milchsuppe mit vielen Mandeln und Eiern.
Der beliebteste Tanz zu Pfingsten war der Reigen. Die Tänzer fassten sich dabei an den Händen und schlossen einen Kreis. Getanzt wurde immer rundherum: um den Maibaum, um das Rathaus oder um die Dorfwiese. Schon seit alter Zeit bedeutet ein Reigen oder Rundtanz den Schutz vor bösen Geistern oder Krankheiten. Im Mittelalter tanzte man diesen Tanz auch um die Kirche herum. Die Priester versuchten es zu verbieten, aber die Menschen tanzten trotzdem weiter.

Im Mittelalter hat man das Pfingstfest wie ein Frühlingsfest gefeiert. Man speiste die leckersten Gerichte, nachdem die so genannten »Pfingstspiele« vorüber waren. Dabei trafen sich die Ritter zum Turnier und maßen ihre Kräfte. Noch heute gibt es Wettläufe, Reiterspiele und Schützenfeste zu Pfingsten. Dabei haben die Festplätze alte Namen wie »Pfingstwiese« oder »Pfingstanger«.

PFINGSTSPIELE
Am »Wäldchestag«, dem Pfingstdienstag in Frankfurt am Main, zieht man wie im Mittelalter noch heute ins Grüne.

In vielen Gegenden verließen die Herden zu Pfingsten die Ställe und wurden auf die Weiden gebracht, wo sie bis zum Herbst blieben. Oft zogen die Tiere mit Blumen und Bändern festlich geschmückt durch das Dorf. »Herausgeputzt wie ein Pfingstochse« bezeichnet heute noch jemanden, der sich etwas zu elegant angezogen hat. Natürlich wurde der Weideauftrieb danach ausgiebig gefeiert!

WEIDEAUFTRIEB

Dreifaltigkeitssonntag

An Trinitatis, dem ersten Sonntag nach Pfingsten, feiern die Christen Gott den Vater, den Sohn und den Heiligen Geist. Als kirchlicher Gedenktag ist er erst 1334 vorgeschrieben worden. Im Kirchenjahr ist er der letzte Festsonntag. Bis zu 27 Sonntage vergehen dann bis zum 1. Advent, an dem das neue Kirchenjahr beginnt. Trinitatis wird daher seit dem Mittelalter gerne besonders als sommerliches Fest gefeiert.

TRINITATIS
(lateinisch Trinitatis = »Dreifaltigkeit«)

Trinitatis wird auch güldener oder goldener Sonntag genannt. An diesem Sonntag öffnet sich nämlich die goldene Wunderblume! Mit ihr kann man verwunschene Prinzessinnen erlösen oder Berge öffnen und zu den darin verborgenen Schätzen kommen. Und wenn man an diesem Tag Heilkräuter pflückt, dann wirken sie besonders gut. Übrigens heißt das wilde Stiefmütterchen wegen seiner drei Farben auch »Dreifaltigkeitsblümchen«.

GOLDENER SONNTAG

Die römische Götterkönigin Juno hat dem Juni seinen Namen gegeben. Juno war Göttin der Gestirne und Hüterin der Frauen und der Ehe.

NAMEN FÜR DEN JUNI Brachmonat, Grasmonat, Rosenmonat und Johannismonat sind alte Namen für den Juni. Sommermonat heißt er, weil im Juni der Sommer beginnt.

Gibt's im Juni Donnerwetter,
wird's Getreide um so fetter.

Ist der Juni warm und nass,
gibt's viel Frucht und grünes Gras.

Regnet es am Siebenschläfertag,
es noch sieben Wochen regnen mag.

DIE NATUR IM JUNI

Um den 10.–14. Juni wird es manchmal noch einmal so kalt, dass die jetzt frisch geschorenen Schafe sich gefährlich erkälten oder sogar erfrieren können. Man nennt diese Tage deshalb auch die »Schafskälte«.

Mitte Juni zeigen sich nachts die ersten Glühwürmchen auf den Wiesen oder an Waldrändern. Wenn es warm und fast windstill ist, dann fliegen sie zu hunderten wie kleine Lämpchen in der Dunkelheit.

Auch die Ameisenköniginnen fliegen jetzt in Schwärmen aus, um einen eigenen Staat zu gründen. Und in den Kornfeldern sieht man roten Klatschmohn, blaue Kornblumen und die gelbe Wucherblume.

Fronleichnam

DER LEIB DES HERRN
(lateinisch corpus christi = mittelhochdeutsch vronlichnam = »Leib des Herrn«)

Am 10. Tag nach Pfingsten, dem Donnerstag nach Trinitatis, wird Fronleichnam gefeiert. An diesem hohen katholischen Feiertag wird bei einer Prozession das Brot als Zeichen für den Leib Christi sichtbar durch die Straßen getragen. Im Jahr 1209 hatte die Nonne Juliane von Lüttich dieses Fest angeregt, weil es keinen Tag der Verehrung dieses Altarsakramentes gab. Jakob Pantaleon, Bischof von Lüttich, nahm die Idee auf. Und als er Papst Urban IV. wurde, setzte er 1264 dieses Fest für alle Katholiken ein. In Deutschland fand die erste Prozession 1277 in Köln statt.

FRONLEICHNAMS-PROZESSION
Die Reihenfolge der Gläubigen in der Prozession war genau geordnet.

Zunächst trug der Priester unter einem kostbaren Baldachin die Monstranz mit dem Allerheiligsten einmal feierlich um die Kirche. Die Gläubigen folgten ihm. Später wurden in den vier Himmelsrichtungen in Dörfern und Städten Altäre für die vier Evangelisten aufgestellt. Hier las der Priester ein Stück aus einem der Evangelien vor. Seit dem 14. Jahrhundert organisierten auch die Gilden und Zünfte einer Stadt die Prozession. Die reich geschnitzten Altäre gehörten oft Familien, die sie jedes Jahr aufstellten und schmückten.

FRONLEICHNAMS-SPIELE

Im 15. Jahrhundert war Fronleichnam ein ganz besonderer Festtag geworden. Ähnlich wie bei den Fastnachtsspielen und den Passionsspielen zu Ostern wurden Fronleichnamsspiele aufgeführt. Die Darsteller kamen aus den Zünften und Gilden und spielten Szenen aus der Bibel oder aus Heiligenlegenden. Besonders beliebt war dabei die Geschichte des Drachentöters, des heiligen Georg. In England werden diese Spiele heute noch aufgeführt.

FRONLEICHNAMS-BRÄUCHE

Birkengrün wurde gesegnet und zum Schutz vor allem Bösen an der Stallwand befestigt.

Kunstvolle Blumenteppiche werden auf dem Prozessionsweg und vor den Altären ausgelegt. Es sind richtige Mosaike aus Blüten, die die Muttergottes, den Kelch und die Hostie oder das Kreuz zeigen. Bei der Prozession und vor den Altären baten die Gläubigen auch um Segen für Menschen, Vieh und Felder. Zum Zeichen für den Segen standen an den Altären Körbe mit Kräutersträußchen. Sie wurden zur Erntezeit als Dank an die erste Korngarbe gesteckt.

GLOCKEN-SPIELE

Im Rheinland gibt es den Brauch des Glocken-Anschlagens. Er heißt »Beiern« nach dem niederländischen Wort *Beiaard* (Glockenspiel). Männer sitzen hoch oben im Glockenturm einer Kirche und schlagen mit den Klöppeln an die Glocken, die sich dabei aber nicht bewegen dürfen. Es ist eine Kunst, auf diese Weise eine Melodie zu spielen. Früher gab der Priester von einem der Fronleichnams-Altäre aus ein Handzeichen, wenn die Männer im Turm spielen sollten. Heute wird dafür das Handy benutzt.

WASSER-PROZESSIONEN

Oft nehmen hunderte von Schiffen, kleinere Boote oder Flöße an Wasserprozessionen zu Fronleichnam teil. Manchmal ist es nur ein Schiff, wie bei der »Mülheimer Gottestracht« bei Köln am Rhein. Das hat einen besonderen Grund: Ein Dieb hatte einmal aus der Mülheimer Klemenskirche den Kelch und die Monstranz mit dem Allerheiligsten gestohlen. Damit wollte er in einem Kahn über den Rhein fliehen, fiel aber aus dem Boot und ertrank. Das Boot mit den kostbaren Gefäßen soll einfach stehen geblieben sein und darauf gewartet haben, dass der Priester es einholte. So wurden die kostbaren Gefäße gerettet. In einem festlich geschmückten Schiff fahren die Mülheimer heute noch ihre Stadtgrenzen auf dem Rhein ab, wobei der Segen über Fluss und Stadt gesprochen wird.

MACH MIT: BLUMENKRÄNZCHEN
Zutaten: Wiesenblumen (vielleicht Klee oder Margeriten), Zwirn oder Blumendraht, geschickte Finger

Früher band man Blumen zu Kränzchen, die an Fronleichnam um die Altarkerzen lagen. Zu Hause sehen sie auf einem Kerzenleuchter auch schön aus. Frisch halten sie nur einen Tag, getrocknet natürlich länger.

So geht's: Die Blumenstiele alle auf etwa 6 cm kürzen. Als Anfang drei Stiele kurz unter der Blüte mit Zwirn oder Draht vorsichtig umwickeln. Dann immer wieder eine Blume anlegen und kurz unter dem Blütenkopf dazubinden. Es entsteht ein Blumenstrang. Auf der einen Seite des Stranges mehr Blüten dazubinden als auf der anderen, dann wird der Kranz schön rund. Die beiden Enden zusammenbinden – fertig.

5. Juni: Tag des heiligen Bonifatius

BONIFATIUS, »WOHLTÄTER«
Bonifatius soll ein geduldiger Lehrer gewesen sein, deshalb gab es früher an seinem Tag Schulfeste oder Schulausflüge.

Der heilige Bonifatius wurde 672 in England geboren. Damals hieß der Sohn einer vornehmen Familie noch *Wynfreth* (Winfried = »Freund des Friedens«). Mit dreißig Jahren war er Mönch, Priester und Lehrer. Im Jahr 718 beauftragte Papst Gregor II. ihn damit, die deutschen Stämme zum Christentum zu bekehren. Von 718 bis 754 bereiste er Friesland, Hessen, Thüringen, Bayern und Sachsen und gründete Kirchen, Klöster und Bistümer. Am 5. Juni 754 wurde der heilige Bonifatius von Stämmen, die am heidnischen Glauben festhielten, getötet. Der »Apostel der Deutschen« liegt in Fulda begraben.

Herz-Jesu-Fest

DAS HERZ ALS MITTE DES MENSCHEN

Seit alter Zeit ist mit dem Wort Herz nicht nur das Herz gemeint, das man in seinem Körper schlagen hört. Im Alten Ägypten vor 5000 Jahren glaubte man, dass das Herz der Sitz der Gedanken, der Gefühle und der Persönlichkeit eines Menschen war. Starb er, wogen die Götter sein Herz auf der Waage der Wahrheit. Hatte er ein »leichtes Herz«, durfte er ins Jenseits einkehren. Auch in der Bibel ist das Herz ein Sinnbild für den ganzen Menschen und seine Persönlichkeit. Und in unserer Sprache wird sehr deutlich, wie das Herz mit unseren Gefühlen zusammenhängt. Das Herz kann vor Freude hüpfen, bis zum Hals schlagen oder vor Kummer brechen. Man kann sich ein Herz fassen oder sich etwas zu Herzen nehmen.

DAS HERZ JESU

Seit dem Mittelalter ist das Herz Jesu, das am Kreuz von der Lanze durchbohrt wurde, ein Sinnbild für die Liebe Christi und für sein Leiden zur Erlösung der Menschen. Seit dem 17. Jahrhundert wird deshalb am dritten Freitag nach Pfingsten das Herz-Jesu-Fest begangen. Viele Kirchen tragen den Namen Herz-Jesu und ihre Gemeinden feiern an diesem Tag. Besonders in Österreich und in den katholischen Gegenden der Schweiz begeht man ihn mit feierlichen Prozessionen. In Tirol werden Herz-Jesu-Feuer auf den Bergen abgebrannt. Die berühmteste Herz-Jesu-Kirche wurde 1910 in Paris fertig gestellt. Weithin sichtbar steht sie auf dem Hügel Montmartre: Sacré-Coeur – Heiliges Herz.

21. Juni: Sommeranfang und Sommersonnenwende

DER LÄNGSTE TAG BEI UNS IM NORDEN
Im Norden Deutschlands dauert der längste Tag 17 Stunden, in den Alpenländern16 Stunden.

Unsere Erde dreht sich im Jahr einmal um die Sonne. Weil sie dabei schräg zur Sonne steht, bekommt die nördliche Halbkugel von März bis September mehr Sonne als die südliche. Von September bis März ist das umgekehrt. Am 21. Juni erreicht die Sonne ihren nördlichsten Punkt über der Erde. Bei uns auf der Nordhalbkugel beginnt der Sommer mit dem längsten Tag und der kürzesten Nacht im Jahr. Am nördlichen Polarkreis geht die Sonne gar nicht unter. Man kann bei der Mitternachtssonne sogar Zeitung lesen! Nach dem 21. Juni werden die Tage dann wieder kürzer. Deshalb heißt der Tag auch Sommersonnenwende.

MITTSOMMERNACHT

Eigentlich ist die Nacht zum 21. Juni die Mittsommernacht. In alter Zeit glaubte man, dass am längsten und am kürzesten Tag des Jahres die Götter auf die Erde herabstiegen. Deshalb brannten auf den Altären Feuer zu ihren Ehren.

WINTER MITTEN IM SOMMER?

Wenn ihr im Sommer in den Schnee fahren wollt, könnt ihr das tun. Auf der Südhalbkugel der Erde ist nämlich jetzt Winter und die Menschen dort haben den kürzesten Tag im Jahr. Am Südpol geht die Sonne bis zum September gar nicht erst auf. Dort herrscht die Polarnacht.

24. Juni: Tag des heiligen Johannes des Täufers

BUSSPREDIGER UND TÄUFER

Johannes der Täufer war genau ein halbes Jahr älter als Jesus. Deshalb feiert die Kirche seinen Tag ein halbes Jahr vor Weihnachten am 24. Juni. Johannes war Bußprediger und verkündete den Juden, dass der Messias bald kommen würde. Als Vorbereitung darauf taufte er die Menschen mit dem Wasser des Jordan. Auch Jesus wurde von Johannes getauft.
Fürst Herodes fürchtete den kommenden König, weil er seine eigene Macht nicht verlieren wollte. Johannes wurde gefangen genommen und enthauptet.

Sommer

Weißt du, wie der Sommer riecht?
Nach Birnen und nach Nelken,
nach Äpfeln und Vergissmeinnicht,
die in der Sonne welken,
nach heißem Sand und kühlem See
und nassen Badehosen,
nach Wasserball und Sonnenkrem,
nach Straßenstaub und Rosen.

Weißt du, wie der Sommer schmeckt?
Nach gelben Aprikosen
und Walderdbeeren, halb versteckt
zwischen Gras und Moosen,
nach Himbeereis, Vanilleeis
und Eis aus Schokolade,
nach Sauerklee vom Wiesenrand
und Brauselimonade.

Weißt du, wie der Sommer klingt?
Nach einer Flötenweise,
die durch die Mittagsstille dringt,
ein Vogel zwitschert leise,
dumpf fällt ein Apfel in das Gras,
ein Wind rauscht in den Bäumen,
ein Kind lacht hell, dann schweigt es schnell
und möchte lieber träumen.

Ilse Kleberger

JOHANNISTAG UND MITTSOMMERNACHT

Weil das Fest Johannes des Täufers nur drei Tage nach dem Sommeranfang liegt, konnte die Kirche das heidnische Brauchtum zur Sommersonnenwende an diesem Festtag übernehmen. Überall brannten nun die Johannisfeuer, die manchmal doch auch Sonnwendfeuer genannt wurden. Die jungen Leute eines Dorfes sprangen über das Feuer, damit die Ernte gut würde. Wer am höchsten sprang, dessen Eltern sollten die meisten Feldfrüchte ernten können und das Korn würde so hoch wachsen, wie der Sprung war.

ZAUBERMÄCHTE

Seit jeher ist die Johannisnacht auch mit Zauberkräften verbunden. In den Märchen in dieser Nacht öffnen sich Berge, die mit Schätzen angefüllt sind, und man kann Elfen und Zwerge sehen. In den Seen hört man versunkene Glocken läuten und man versteht die Sprache der Tiere. Wenn man in dieser Nacht Kräuter pflückt, haben sie ganz besondere Heilkräfte. So hilft das gelbe Johanniskraut gegen Hexenschuss, Verstauchungen und Blutergüsse.

JOHANNISWÜRMCHEN

Glühwürmchen haben ein Leuchtorgan am Hinterleib und locken sich damit gegenseitig an.

Und das Zauberlicht geben in dieser Nacht die Johanniswürmchen. Das sind die Glühwürmchen oder Leuchtkäfer, die im Dunkeln wie kleine grünliche Laternen leuchten. Manchmal kann man sie zu hunderten im Wald oder über den Wiesen schweben sehen.

HANS DAMPF IN ALLEN GASSEN

Im Elsass wurde früher warmer Johanniskuchen im großen Ofen des Bäckers gebacken. Der »Hans Dampf« wurde dann heiß und dampfend durch die Gassen nach Hause getragen.
Besonders in den Städten wurde die Johanniskrone aufgehängt. Sie war aus Zweigen und Laub geflochten und mit Eiern, Rosen und anderen Blumen geschmückt. Abends tanzte man um sie herum. Manchmal wurde an den nächsten Tagen weitergefeiert, solange die Blätter grün waren.

BRUNNENFEST

Auch das Brunnenfest war ein weit verbreiteter Brauch. Alle Brunnen an einem Ort wurden gesäubert und mit Blumen festlich geschmückt. Danach wurde abends ein großes Fest gefeiert. Und manchmal gab es für die Kinder ein Kinderfeuer, über dem sie Brot und Käse rösten durften.

MITTSOMMER-BRÄUCHE AM JOHANNISTAG

Wenn man ohne zu sprechen um Mitternacht neun verschiedene Blumen pflückt und sie unter das Kopfkissen legt, wird man von dem träumen, den man einmal heiratet.
In den kürzesten Nächten des Jahres schimmert hoch oben im Norden Europas ein magisches Dämmerlicht! Der Nordhimmel glüht in allen erdenklichen roten und violetten Farbtönen. Kein Wunder, dass man früher glaubte, das Reich der Elfen und Feen würde sich in dieser Nacht öffnen! Man muss auch aufpassen, dass man beim Baden nicht von Nixen überrascht wird.

MACH MIT: GLÜHWÜRMCHEN-NACHT

Wollt ihr nicht mal eine Glühwürmchen-Nacht feiern? Dazu geht ihr mit vielen anderen Kindern (und Erwachsenen) in die Nacht hinaus, um Glühwürmchen und andere Tiere zu beobachten. Wenn ihr in der Nähe eines Waldes wohnt, geht das besonders gut. Die Nacht muss warm sein und es darf nicht regnen. Nehmt alle eine Taschenlampe mit, damit ihr wie jedes Glühwürmchen ein eigenes Licht dabeihabt. Außerdem könnt ihr etwas sehen, wenn es doch zu dunkel wird.
Glühwürmchen sind ganz leise und das solltet ihr auch sein. Dann entdeckt ihr nämlich außer den Glühwürmchen auch, was nachts im Wald so los ist. Bei Lärm seht und hört ihr nichts, weil alle sich vor euch verstecken. Da fliegen Fledermäuse auf der Suche nach Nachtfaltern lautlos durch die Bäume. Oder in den Blättern rascheln kleine Mäuse, eine Eule oder ein Käuzchen. Habt ihr das gehört? Da schnauft doch irgendjemand! Bleibt still stehen, dann seht ihr vielleicht den Igel, der prustend nach leckeren Schnecken sucht.

Glaubt es oder glaubt es nicht – in einer ganz ruhigen Nacht und wenn man selbst ganz leise ist, kann man sogar hören, wie hunderte von Raupen an den Blättern der Bäume knuspern. Ehrlich! Das stimmt tatsächlich!

27. Juni: Siebenschläfer

DAS WUNDER DER SIEBEN BRÜDER

Es waren einmal sieben Brüder: Maximian, Malchus, Martinian, Dionysius, Johannes, Serapion und Constantin. Sie wurden im Jahr 251 unter der Herrschaft des Kaisers Decius als Christen verfolgt und flohen in eine Höhle, wo Decius sie einmauern ließ. Zweihundert Jahre später, im Jahr 447, wollte jemand die Höhle als Schafstall nutzen und ließ die Mauer entfernen. Die Brüder erwachten wie aus einem tiefen Schlaf. Einer von ihnen lief in die Stadt, um ein Brot zu kaufen. Er wunderte sich, weil er niemanden kannte und die Stadt christlich geworden war. Der Bäcker staunte noch mehr, als er für das Brot eine zweihundert Jahre alte Goldmünze bekam. Die Bürger fanden alle Brüder lebend in der Grotte vor, wo sie aber bald darauf starben.

LOSTAGE

Die sieben Brüder sind als Märtyrer in den Heiligenlegenden zu finden, sogar der islamische Koran erwähnt sie als »die Jünglinge, die in die Höhle flüchteten und dort eine Reihe von Jahren schliefen«. Aber wirklich bekannt sind sie heute noch, weil ihr Tag ein wichtiger »Lostag« ist. »Lostage« sind Tage, an denen man das Wetter für die nächste Zeit besonders gut vorhersagen kann. Die Regel für die Siebenschläfer ist, dass das Wetter noch sieben Wochen so bleiben soll, wie es am Siebenschläfertag war. Achtet mal drauf, ob das auch stimmt!

NOCH EIN SIEBENSCHLÄFER

Der Siebenschläfer ist ein Nagetier. Sein Körper ist 16 cm lang, sein Schwanz 13 cm, und er hat blaugraues Fell. Sehr mutig verteidigt er sich mit seinen Krallen gegen seine Feinde Marder, Iltisse, Wiesel und Eulen. Tagsüber versteckt er sich in Baum- oder Erdlöchern. Erst nachts kommt er heraus und frisst eigentlich ununterbrochen alles, von kleineren Tieren bis zu Eicheln, Haselnüssen und Früchten. Im Wald hört man häufig, wie er Nüsse knackt oder Obstkerne vom Baum fallen lässt. Siebenschläfer verständigen sich mit den seltsamsten Lauten. Sie können lang gezogen pfeifen oder murmeln, quieken und zirpen. Und sie halten sieben Monate Winterschlaf!

29. Juni: Tag der heiligen Peter und Paul

Das Wort Apostel kommt aus dem Griechischen und bedeutet »Abgesandter, Bote«. Keiner der zwölf Apostel ist so wichtig geworden wie Simon Petrus. Zu Zeiten Jesu hieß er Simon und war ein Fischer, bis er Jesus als Jünger nachfolgte. Jesus bezeichnete ihn als Fels (griechisch *pétros*), auf dem er seine Kirche bauen wolle. Petrus nahm seine Aufgabe sehr ernst, leitete die junge Christengemeinde in Rom und wurde dafür bei der Christenverfolgung unter Kaiser Nero gekreuzigt.

PETRUS, DER FELS
Über dem Grab des heiligen Petrus in Rom ist der Petersdom erbaut.

Paulus hieß eigentlich Saulus und verfolgte Christen für die Römer. Auf dem Weg nach Damaskus wurde er jedoch durch eine Erscheinung Christi selbst zum Christentum bekehrt. Er erhielt den Namen Paulus (lateinisch »der Kleine«). Er war als Apostel in Jesu Namen so erfolgreich, dass man ihn den »Völkerapostel« nennt.

PAULUS, DER KLEINE
Auch er wurde unter dem Kaiser Nero für sein Christentum getötet.

Seit dem Jahr 258 feiert die katholische Kirche das Fest der Apostel Peter und Paul. Im Mittelalter wurde dieses Fest von den Gemeinden und den Zünften mit Gesang und Tanz gefeiert. Weil Petrus der Patron der Fischer ist, zogen die Küstenbewohner ans Meer. Ein Priester mit einer Darstellung des heiligen Petrus segnete das Meer von einem Schiff aus. Die Fischer folgten in festlich geschmückten Booten. Danach wurde ein Fischzug veranstaltet, der so genannte »Petrizug«. Die schönsten Fische aus diesem Fang bekam der Pfarrer. Oft wurden sie aber auch bei einem Fest für alle gebraten.
Für Petrus und Paulus gibt es noch weitere Festtage im Jahr. Zum »Fest der Bekehrung des Paulus« am 25. Januar z.B. wurden vom 13. bis 17. Jahrhundert die so genannten Paulusspiele aufgeführt, die das Ereignis vor Damaskus darstellten.

Im römischen Jahr hieß dieser Monat eigentlich *Quintilis*, der fünfte Monat. Seit 44 v. Chr. trägt er den Namen Julius Caesars (100–44 v. Chr.), Caesar wurde in diesem Monat geboren. Er hat den römischen Kalender auf 365 Tage umgestellt und mit dem Januar beginnen lassen. Sein Kalender, der Julianische Kalender, sieht schon fast so aus wie unserer heute.

NAMEN FÜR DEN JULI

Er heißt auch Heumonat oder Heuert, weil im Juli Heuernte ist. Bärenmonat oder Honigmonat sind andere Namen.

Wenn Donner kommt im Julius,
viel Regen man erwarten muss.

Juli kühl und nass,
leere Scheunen – leeres Fass.

So golden im Juli die Sonne strahlt,
so golden sich der Weizen mahlt.

DIE NATUR IM JULI

Oft gibt es im Juli starke Regengüsse und Hagelschauer, die den Kornfeldern schaden und die Ernte zerstören. Wenn es allerdings im Juli richtig heiß ist und ihr auf dem Land seid, dann holt doch einfach mal tief Luft. Überall duftet es nach Heu und Kamille und in den Gärten nach Lavendel.
Von Mitte Juli bis Mitte August sind die so genannten »Hundstage«, die heißesten Tage im Jahr. Heuschrecken oder Heupferdchen tauchen das erste Mal auf. Hunderte von Schmetterlingen sitzen auf den Dolden des Sommerflieders und die jungen Störche können jetzt fliegen.

25. Juli: Tag des heiligen Jakobus

JAKOBUS DER ÄLTERE

Jakobus war ein Jünger Jesu und Bruder des Evangelisten Johannes. Nach dem Tod Jesu verkündete er das Evangelium in der Gegend von Samaria (heute Shomron) und Jerusalem, bis er dafür von Herodes Agrippa im Jahr 43 enthauptet wurde. So wurde Jakobus zum ersten Märtyrer unter den Aposteln. Die Jakobskirche in Jerusalem soll über seinen Gebeinen erbaut worden sein.

SANTIAGO DE COMPOSTELA

(Mauren = arabische Muslime)

Es gibt unzählige Legenden über den heiligen Jakobus. So soll er auch Teile Spaniens zum Christentum bekehrt haben. Anders als die Bibel erzählt die Legende, dass sein Leichnam nach seinem Tod auf dem Seeweg nach Galizien gebracht und in Compostela begraben worden sei. Um 813 soll beim Bau einer Kirche dann sein Grab in Compostela wieder entdeckt worden sein. Große Teile Spaniens waren damals von Mauren beherrscht und immer wieder flackerten Kriege gegen sie auf. Die Christen bauten auf die Unterstützung Santiagos und 844 gelang ihnen ein Sieg über die Mauren. Compostela wurde zum Wallfahrtsort.

DER JAKOBSWEG

Jakobus ist der Patron von Spanien.

Ab dem 11. Jahrhundert war Compostela einer der größten Wallfahrtsorte des Abendlandes. Die Pilger – einfache Leute und auch Könige – kamen in so großer Zahl, dass sie »die Wege verstopften«, wie ein Zeitgenosse beschreibt. Durch ganz Europa führten befestigte Pilgerstraßen, die »Jakobswege«, nach Compostela. Brücken wurden gebaut, Unterkünfte, Klöster und Kirchen am Weg errichtet. Heute kommen jährlich 200000 Pilger auf den alten Wegen nach Santiago.

DIE JAKOBSMUSCHEL

Archäologen finden diese Muscheln überall in Europa bis nach England, Skandinavien und Lettland.

Pilger im Mittelalter kamen zu Fuß oder zu Pferde nach Compostela. Sie benutzten die 12 cm großen Jakobsmuscheln als Trinkgefäße oder Essgeschirr. Man konnte mit ihren scharfen Kanten sogar schneiden wie mit einem Messer. Die Legende erzählt, dass das Pferd eines jungen Adeligen ins Meer sprang, als das Schiff mit Jakobus' Leichnam in Spanien ankam. Wie durch ein Wunder zog man den Adeligen lebend aus dem Wasser. Er war über und über mit Jakobsmuscheln bedeckt.
Die Muschel wurde das Wahrzeichen der Jakobspilger und am Hut oder am Mantel befestigt.

KÖBES!

Die Wirte am Pilgerweg nach Compostela hießen Jakobswirte, sodass der Name wahrscheinlich als allgemeine Bezeichnung für Bedienstete benutzt wurde. In England zum Beispiel ist James (Jakob) ein häufiger Name für einen Butler gewesen. Im Rheinland, besonders in Düsseldorf, heißt der Kellner in Brauhäusern heute noch »Köbes« (Jakob), denn durch Düsseldorf führte der Jakobsweg Richtung Köln und weiter nach Süden.

BRÄUCHE AM JAKOBSTAG

Viele Bräuche entwickelten sich gerade am Jakobstag. Fast überall beginnt dann die Ernte, vor allem von Roggen und Weizen. Die ersten Kartoffeln und Äpfel werden oft auch Jakobskartoffeln und Jakobsäpfel genannt. In der Schweiz begann die Erntezeit mit der Jakobsfeier für die Knechte und Mägde, die bei der Kornernte halfen. Bauer und Bäuerin versorgten sie bei diesem Fest mit frischem Roggenbrot und Most.

JAKOBUS IST NICHT NUR DER PATRON DER PILGER, SONDERN AUCH DER HIRTEN

In den Alpenländern zogen die Bauern am Jakobstag auf die Almen und sahen nach ihrem Vieh, das seit Pfingsten auf den Weiden stand. Oft gab es am 25. Juli die erste Kirchweih im Jahr, die »Jakobikirmes«. Wegen der vielen Kirchen, die auf den Namen des Apostels geweiht sind, gab es viele Kirchweihfeste an diesem Tag, obwohl er in der Erntezeit liegt. Eigentlich feiert man die Kirmes erst ab August, wenn die Ernte eingefahren ist.

DAS AUSTERNFEST Weil Jakobus auch Fischer war, treffen sich besonders im Süden Englands die Gläubigen am Meeresufer, wo ein Priester die See segnet. Zur Erinnerung an den heiligen Jakob beginnt am 25. Juli auch die Austernsaison in England mit einem großen Fest. Die Kinder bastelten früher kleine Grotten für den Heiligen aus Moos, Blumen und Muscheln.

Der Grüne Montag

MONTAG NACH JAKOBI Der Montag wurde seit dem Mittelalter von Gilden und Handwerkszünften als Tag für ihre großen Veranstaltungen genutzt. Die Ersten, die den Grünen Montag feierten, waren 1330 die Pergamentmacher von Lübeck und 1371 die Böttcher oder Fassmacher von Hamburg. In Erfurt wählten die Handwerkszünfte jedes Jahr am Grünen Montag einen ihrer Handwerksmeister in den Rat der Stadt.

IN DEN GASSEN In mittelalterlichen Städten hatten die einzelnen Handwerkszünfte oft eigene Gassen. Straßennamen wie Bäckerstiege, Fleischhauergasse oder Gerberstraße erinnern noch daran. Am Grünen Montag waren Haustüren und Läden mit grünen Zweigen, die Eingänge der Gassen mit Kränzen oder hohen Bögen geschmückt. Und natürlich wurde an diesem Festtag gut gegessen und anschließend getanzt.

Kirschernte

KIRSCHENKIRMES

Kirschen gehören zu den ersten Früchten im Jahr, die man von Obstbäumen ernten kann. Es gibt Gegenden, wo sie besonders gut wachsen und wo schon seit dem Mittelalter ab Mitte Juli die Kirschernte als großes Fest gefeiert wird. In Hessen oder Sachsen-Anhalt wird zur »Kesperkirmes« (Kesper heißt Kirsche) eine Kirschenkönigin gewählt und eine Meisterschaft im Steine-Weitspucken veranstaltet! In England gibt es in der Grafschaft Surrey die *Black Cherry Fair* (Kirschenkirmes) schon seit 1440. Zuerst war sie ein Markt- und Handelstag, heute wird sie nur noch als Kirmes gefeiert.

DAS HUSSITEN-KIRSCHENFEST

Bei diesem Fest werden Kirschen an die Kinder verteilt.

Ein berühmtes Kirschenfest findet alljährlich in Naumburg statt. Es ist ein Kinderfest. Die Kinder der Stadt sollen nämlich 1432 während der Hussitenkriege die Zerstörung Naumburgs verhindert haben. Über 500 Kinder zogen in das Feldlager der Hussiten und baten um Gnade für die Stadt. Der Feldherr Prokop lenkte tatsächlich ein, bewirtete die Kinder mit Kirschen und Birnen und zog mit seinen Truppen am nächsten Tag ab. In mittelalterlichen Kostümen findet beim Naumburger Kirschenfest ein historischer Umzug statt, bei dem dieses Ereignis nachgespielt wird.

MACH MIT: KIRSCH-MARMELADE

Zutaten: 1000 g süße, entsteinte Kirschen, 1000 g Gelierzucker, Saft von zwei Zitronen, 1 großer Topf, Gläser mit Schraubverschluss (z. B. alte Marmeladengläser)

Dieses Rezept könnt ihr auch mit anderen Sommerfrüchten kochen: Erdbeeren, Johannisbeeren, Himbeeren, Aprikosen oder Pfirsische eignen sich genau so gut.

So geht's: Die Kirschen waschen und entsteinen. Dann die Früchte zerkleinern oder zerdrücken, mit Zitronensaft und Gelierzucker verrühren und aufkochen. Vier Minuten sprudelnd kochen lassen. Noch sehr heiß in Gläser füllen (Lasst euch dabei lieber helfen, denn man kann sich böse verbrennen!). Den Deckel fest auf das Glas schrauben und auf dem Kopf stehend kalt werden lassen.

Geh aus, mein Herz

Text: Paul Gerhardt,
Melodie: August Harder

2. Die Bäume stehen voller Laub,
das Erdreich decket seinen Staub
mit einem grünen Kleide.
Narzissen und die Tulipan,
die ziehen sich viel schöner an
|: als Salomonis Seide:|.

3. Die Lerche schwingt sich in die Luft,
das Täublein fliegt auf seiner Kluft
Und macht sich in die Wälder.
Die hoch begabte Nachtigall
ergötzt und füllt mit ihrem Schall
|: Berg, Hügel, Tal und Felder:|.

4. Die Glucke führt ihr Völklein aus,
der Storch baut und bewohnt sein Haus,
das Schwälblein speist die Jungen.
Der schnelle Hirsch, das leichte Reh
ist froh und kommt aus seiner Höh
|: ins tiefe Gras gesprungen:|.

5. Ich selber kann und mag nicht ruhn,
des großen Gottes großes Tun
erweckt mir alle Sinnen.
Ich singe mit, wenn alles singt,
und lasse, was dem Höchsten klingt,
|: aus meinem Herzen rinnen:|.

Sommergäste

WENN ES BRUMMT UND SIRRT

Kennt ihr das? Ihr habt euch gerade ein Stück Kirschkuchen auf den Teller gelegt, da brummt schon eine Wespe um euch herum. Sie schneidet sogar ein Stück aus eurem Kuchen heraus und versucht damit wegzufliegen! Oder ihr geht ins Freibad und müsst nach einer Weile schon eure Mückenstiche zählen! Spätestens jetzt wisst ihr aber, dass Sommer ist. Die Insekten sind wieder da!

INSEKTEN GEHÖREN ZUM SOMMER *(lateinisch insecare = einschneiden)*

Insekten können erstaunliche Dinge tun. Wespen stellen zum Beispiel aus Holz Papier her. Daraus bauen sie ihre kunstvollen Wabennester. Glühwürmchen und auch einige Fliegenlarven produzieren ein biologisches Licht, so genanntes »kaltes Licht« mit großer Leuchtkraft. Sie locken sich damit an. Und Nachtfalter sind die absoluten Meister der Tarnung. Sie sitzen tagsüber oft an einem Baumstamm, aber sie fallen überhaupt nicht auf. Ihre äußeren Flügel sind so gemustert wie die Baumrinde. Es gibt über 700 000 Insektenarten in den verschiedensten Formen, Farben und Größen auf der Welt!

DAS VOLK DER GRÄSER

Wenn ihr ein Picknick macht, dann beobachtet doch einfach mal die Insekten und verscheucht sie nicht gleich. Ihr könnt sehen, wie eine Heuschrecke einen Grashalm hochspaziert, wie Bienen und Hummeln den Nektar aus den Blumen saugen oder wie ein Marienkäfer eine Blattlaus verspeist. Ameisen können für ihre Größe riesige Gewichte tragen.

MACH MIT: WAS FLIEGT DENN DA?

Besonders auf den Dolden des Sommerflieders könnt ihr die schönsten Schmetterlinge beobachten: Zitronenfalter, Kohlweißling, Pfauenauge, Admiral, Großer und Kleiner Fuchs, Schwalbenschwanz, Segelfalter, Distelfalter, Apollofalter, Aurorafalter, Bläuling. Und es gibt noch viel mehr.

Ameisenkinder

Wer hat Ameisenkinder gesehn?
Können sie nach sechs Tagen schon gehn?
Laufen die Ameisenbabys geschwinder
als zum Beispiel die Mistkäfer-Kinder?
Kriegen sie schon einen Klaps auf den Po?
Ach, meine Lieben, die Sache ist so:
Wer Ameisenkinder sah, ganz kleine,
der lügt.
Der betrügt!
Es gibt nämlich keine!

James Krüss

Tischa be'Aw

SALOMOS TEMPEL

Nachdem sich die Israeliten im Gelobten Land niedergelassen hatten, ließ König David die Bundeslade, einen kostbaren Holzkasten mit Gesetzestafeln, nach Jerusalem bringen. Im Jahr 957 v. Chr. baute sein Sohn Salomo einen Tempel für dieses größte Heiligtum. 587 v. Chr. wurde der Tempel von dem assyrischen König Nebukadnezar zerstört. Die Juden mussten Jerusalem verlassen und in die Babylonische Gefangenschaft ziehen.

DER TEMPEL DES HERODES

Nur der westliche Teil der Mauer, die den Tempel abgrenzte, blieb stehen. Sie heißt heute Klagemauer und täglich beten viele Juden an ihr.

Im Jahr 19 v. Chr. begann Herodes der Große mit dem Bau eines riesigen Tempels. Er nahm fast ein Fünftel der Stadtfläche Jerusalems ein und war erst 64 n. Chr. fertig gestellt. Aber das Heiligtum blieb leer, denn die Bundeslade war seit der Babylonischen Gefangenschaft verloren. Im Jahr 66 entnahm der römische Statthalter Florus 17 Talente Gold aus dem jüdischen Tempelschatz. Es kam zu Aufständen gegen die römischen Besatzer. Im Jahr 70 wurde der Tempel niedergebrannt und Jerusalem geplündert.

NATIONALE TRAUERZEIT

Drei Wochen im Sommer begehen die Juden eine Zeit der Trauer, denn drei Wochen vor der Zerstörung von Salomos Tempel schlugen die Assyrer eine Bresche in die Stadtmauer Jerusalems, die ihren Sieg erst möglich machte. Streng genommen dürfen in dieser Zeit keine Hochzeiten abgehalten, neue Kleider getragen oder Musik gespielt werden.

TISCHA BE'AW

(hebräisch Tischa be'Aw = »der 9. Aw«)

Das Ende dieser Trauerzeit ist Tischa be'Aw, der 9. Tag des Monats Aw (Juli/August). An diesem Datum fand beide Male die Zerstörung des Tempels, des Mittelpunktes der jüdischen Religion, statt. Die Gläubigen fasten und treffen sich schon am

Vorabend in der Synagoge, aus der jeder Schmuck entfernt ist. Sie setzen sich zum Zeichen der Trauer barfuß auf niedrige Schemel und tragen die Klagelieder Jeremias vor, die von der Zerstörung des Tempels handeln.

(griechisch Synagoge = »Haus der Versammlung«)

Ferienzeit

ENDLICH KEINE SCHULE!

Das Wort Ferien kommt aus dem Lateinischen. *Dies feriae* (Feiertag) bezeichnete bei den Römern öffentliche Feste, aber auch familiäre Feste wie Geburtstage oder Todestage. Ferien sind also dazu da, dass man nicht arbeitet oder in die Schule geht. Man bleibt oft nicht zu Hause, sondern reist auf der Suche nach Sonne und Erholung oder einer anderen Umgebung in der Welt herum.

ERNTEFERIEN

Bis 1950 richteten sich die Schulferien in ländlichen Gegenden nach der Erntezeit. Es gab meistens 10 Tage schulfrei für die Heuernte im Juni/Juli, im Juli und August zwei bis drei Wochen für die Kornernte, im September und Oktober manchmal bis zu vier Wochen für die Kartoffelernte und die Weinlese. Auch die Kinder mussten mit anpacken, denn bei der Ernte wurde jeder gebraucht. Nach 1950 regelten die Bundesländer die Ferienzeiten. Aber die Stadtkinder waren doch neidisch, weil die Landkinder im Herbst immer noch zwei Wochen »Kartoffelferien« hatten – eine Woche mehr als in der Stadt.

DAS RAVENSBURGER RUTENFEST

Könnt ihr euch vorstellen, dass euer Lehrer euch mit einem Rohrstock ein paar Hiebe gibt, wenn ihr Unsinn macht oder nicht gelernt habt? Bis Anfang des 20. Jahrhunderts war das noch so. In Ravensburg gab es dazu einen besonderen Brauch. Nach den Sommerferien machte der Lehrer mit seinen Schülern einen Ausflug vor die Stadttore und schnitt mit ihnen die Ruten für das kommende Schuljahr. Die Kinder zogen dann wieder in die Stadt zurück und wurden an den Stadttoren von den Eltern abgeholt. Dieses »Rutengehen« gibt es seit 1645. Der Tag wurde allerdings mit Spiel und Spaß besonders gefeiert und war sehr lustig.

Noch heute ist das Rutenfest ein Ravensburger Stadtfest. Von Rutenfreitag bis Rutendienstag vor den Sommerferien ziehen die Schüler aller Schulen mit Trommlern und Pfeifern in Kostümen der Landsknechte durch die Stadt. Über mehrere Tage gibt es drei Schießwettbewerbe, jede Schulart hat einen eigenen: das Adlerschießen der Gymnasiasten mit der Armbrust, das Bogenschießen der Realschüler, das Armbrustschießen der Hauptschüler.

Mach mit: Sommerspiele

BLUMENRATEN
Zutaten: mehrere Kinder, eine Blumenwiese, ein Tuch zum Verbinden der Augen

Ihr kennt doch bestimmt jede Menge Wiesenblumen. Es gibt Gänseblümchen, Klee, Kamille, Kornblumen, Mohn, Glockenblumen, Löwenzahn und viele andere. Aber bekommt ihr auch mit verbundenen Augen heraus, was ihr für eine Blume in der Hand haltet?
So geht's: Jedes Kind pflückt eine andere Blume und sagt ihren Namen. Dann werden einem Kind die Augen verbunden und es muss durch Tasten und den Duft herausfinden, was für eine Blume ihm unter die Nase gehalten wird.

WOHIN ZIEHEN DIE WOLKEN?
Zutaten: ein Handspiegel, ein Kompass, ein Blatt Papier

So geht's: Legt das Papier auf den Gartentisch und darauf den Spiegel. Im Spiegel könnt ihr die Wolken ziehen sehen. Mit dem Kompass bestimmt ihr die Himmelsrichtungen und zeichnet sie um den Spiegel herum auf dem Papier ein.
Und jetzt guckt genau in den Spiegel! Wohin ziehen die Wolken? Woher bläst der Wind?

STEINERÜCKEN
Zutaten: mehrere Kinder, 13 Steine (oder Muscheln)

So geht's: Legt zwölf Steine in einer Reihe vor euch in den Sand. Ein Kind setzt sich den dreizehnten auf den Handrücken. Es muss nun versuchen mit allen zwölf Steinen eine neue Reihe zu bilden, ohne dass der dreizehnte Stein vom Handrücken fällt. Wem das als Einzigem nach mehreren Runden gelungen ist, der hat gewonnen.

So geht's: Ihr füllt Eimer oder Schüssel mit Wasser oder nehmt gleich das seichte Wasser am Strand oder am See. Auf den Boden legt ihr kleine Steine. Sie bleiben unten, denn sie sind schwer genug.
Ein Kind lässt nun einen Knopf unter Wasser sinken. Wenn er einen Stein trifft, gibt das einen Punkt. Es nimmt seinen Knopf wieder heraus und das nächste Kind ist dran.
Wer hat nach fünf Runden die höchste Punktzahl?

WASSERSPIEL
Zutaten: mehrere Kinder, ein Knopf pro Kind, kleine Steine, ein Eimer oder eine Schüssel

Mach mit: Sommerbastelei

So geht's: Die Rosenblätter in die Schüssel legen und knapp mit Wasser bedecken. Die Masse muss häufig gerührt und gewendet werden und dann einige Stunden stehen.
Das Rosenwasser durch das Sieb in den Messbecher schütten und mit dem Trichter in gereinigte Parfümfläschchen füllen. Rosenwasser kann man auch gut verschenken!

ROSENWASSER
Zutaten: viele (schon abgefallene) Rosenblätter, eine Schüssel, ein großes Sieb, Rührlöffel, ein Messbecher, ein Trichter, alte Parfümfläschchen

Sextilis, der sechste Monat des Jahres, hieß der August im alten römischen Kalender. Julius Caesars Neffe Octavian nannte sich als römischer Kaiser *Augustus*, der »Erhabene«, und gab dem Monat seinen Namen. Augustus nahm dem Februar einen Tag fort, damit auch sein Monat 31 Tage hatte, so wie Caesars Monat Juli.

NAMEN FÜR DEN AUGUST

Er heißt auch Erntemond oder Ernting, Schnittmonat oder Sichelmonat. Alle Namen haben mit der Ernte, besonders der Kornernte zu tun, die in diesem Monat beginnt.

Wenn im August die Schwalben ziehn,
sie vor dem nahen Herbste fliehn.

Ist der August sonnig und trocken,
gibt's im Winter reichlich Flocken.

Fängt der August mit Donnern an,
er's bis zum End' nicht lassen kann.

DIE NATUR IM AUGUST

Überall auf dem Land könnt ihr Stoppelfelder sehen, aber auch Felder voller Sonnenblumen oder dem violetten Bienenfreund. Die Obstbäume sind voll reifer Früchte. Ist der August sehr heiß, dann kann es zu recht heftigen Gewittern kommen.
Die Störche verlassen ihre Brutplätze und man kann sie manchmal neben Kühen auf der Weide stehen sehen. Die Luft ist erfüllt vom Zirpen der Grillen. Feldmäuse legen sich schon einen Wintervorrat an und Siebenschläfer spuken manchmal unter den Dachziegeln der Häuser.

10. August: Tag des heiligen Laurentius

SO WICHTIG WIE PETRUS UND PAULUS
Er ist der Patron von Rom und Nürnberg, der Armen, der Bibliothekare, Archivare, Schüler und Studenten.

Laurentius (Lorenz) war im 3. Jahrhundert Diakon unter Papst Sixtus II. in Rom. Er kümmerte sich um das Geld der Christengemeinde und um die Armen. Als Kaiser Valerian während einer Christenverfolgung im Jahr 258 Sixtus enthaupten ließ, begleitete Laurentius ihn weinend zur Hinrichtung. Aber auch er selbst wurde kurz darauf getötet.

Laurentius ist einer der meistverehrten Heiligen der katholischen Kirche. In Rom gibt es allein 30 Kirchen, die seinen Namen tragen. Er schützt vor Pest, Fieber, Hexenschuss und Ischias. Die Bauern begannen früher an seinem Tag mit dem Anbau der Herbstfrüchte. Es gab Wallfahrten und Segnungen der Felder. Und weil man zwischen dem 10. und 15. August sehr gut Sternschnuppen beobachten kann, heißen sie »Laurentiustränen«. Sternschnuppen sind kaum erbsengroße Festkörperchen, die mit riesiger Geschwindigkeit in die Erdatmosphäre eindringen und in 80 bis 150 km Höhe verglühen.

15. August: Mariä Himmelfahrt

DIE AUFNAHME MARIENS IN DEN HIMMEL

Das Fest Mariä Himmelfahrt ist das älteste Marienfest der katholischen Kirche und in Österreich ein gesetzlicher Feiertag. Die Katholiken gedenken an diesem Tag der leiblichen und seelischen Aufnahme Mariens in den Himmel. In der orthodoxen Kirche feiert man es schon seit dem 5. Jahrhundert als »Tag der Entschlafung Mariens«.

Die Legenden erzählen, dass die Jünger Marias Grab öffneten und darin nicht mehr ihren Leichnam, sondern nur noch Blüten und Kräuter fanden. Deshalb wurden in der katholischen Kirche an Mariä Himmelfahrt Büschel oder Sträuße aus Kräutern geweiht. Aus diesem Grund heißt der Tag auch Würzweih oder Büschelfrauentag. Die Kräutersträuße waren in jeder Gegend verschieden, aber die Königskerze musste immer dabei sein. Um sie herum wurden Pfefferminze, Wermut, Liebstöckel, Majoran, Thymian, Kümmel, Johanniskraut, Baldrian oder Basilikum gebunden. Diese Sträuße wurden nach der Weihe auf dem Dachboden aufgehängt und sollten gegen Krankheiten, Unheil und Blitzschlag helfen.

KRÄUTERWEIHE

»Frauendreißiger« heißen die dreißig Tage von Mariä Himmelfahrt bis zu Mariä Namen (12. September). Besonders in Bayern und Österreich finden Marienwallfahrten statt. Nach der Legende segnet die Muttergottes in dieser Zeit die Erde. Für die Bauern leiten die Frauendreißiger den Sommer in den Herbst über.

ANDERE BRÄUCHE

Wenn die ersten Nüsse reif waren, dann bekamen die Kinder diese »Mariennüsse« geschenkt.

24. August: Tag des heiligen Bartholomäus

Bartholomäus war einer der Jünger Jesu und nach der Legende verkündete er den christlichen Glauben von Persien bis nach Indien, in Ägypten und Armenien. Er soll fähig gewesen sein, durch verschlossene Türen zu gehen und durch sein Erscheinen heidnische Götterbilder von den Sockeln zu stürzen. Er heilte Kranke und Besessene, wie die Tochter des Königs Polymios von Armenien, der daraufhin Christ wurde. Astyages, der Bruder des Polymios, war gegen den Sturz der Götter. Er ließ Bartholomäus hinrichten.

DER APOSTEL

Bartholomäus ist der Patron der Bergleute, Bauern, Winzer, Hirten und Fischer.

BARTHOLOMÄUS-BRÄUCHE

Für die Bauern war dieser Tag früher der Beginn des Herbstes. Das Winterkorn wurde ausgesät, zum letzten Mal Heu gemacht und die Obsternte begann. Ab diesem Tag durften auch wieder Fische in Flüssen und Seen gefangen werden. Und natürlich wurde das mit einem großen Fischessen gefeiert! Schäfer- und Hirtenfeste finden an diesem Tag mit Schäferläufen zum Beispiel im Kraichgau statt. Nach dem Lauf über ein langes Stoppelfeld bekam der Sieger einen Hammel, die Siegerin ein Schaf. Am Bartholomäustag wurden früher die Gänse und Karpfen ausgewählt, die für das Weihnachtsfest gemästet werden sollten.

BARTHOLOMÄUS-MARKT

In vielen Gegenden wurde an diesem Tag ein Markt veranstaltet, der heute noch als Kirmes und mit Blumenumzügen gefeiert wird. Einer der berühmtesten Bartholomäus-Märkte fand in Smithfield in London statt. Ab dem 12. Jahrhundert trafen sich jährlich die Tuchhändler am Tag der *Bartholomew Fair*. Später waren dann auch Akrobaten und wilde Tiere auf dem Jahrmarkt zu sehen. Zwei Wochen lang wurde mit Pferden, Vieh und Fleisch gehandelt.
Der Bürgermeister von London eröffnete den Bartholomäus-Markt immer, indem er ein Band durchschnitt. Noch heute kennen wir diesen Brauch bei der Einweihung neuer Straßen oder Gebäude.

»WISSEN, WO BARTHEL DEN MOST HOLT!«

Diese Redensart bezieht sich auf jemanden, der schlau ist und sich immer zu helfen weiß. Der frische Most an Bartholomäus (»Barthel«) ist nämlich noch ziemlich sauer. Man muss also schon schlau sein, wenn man weiß, wie man an diesem Tag an einen Most oder Saft kommt, den man auch trinken kann. Für die Winzer war dieser Tag wichtig, weil sie nach einer Wetterregel absehen konnten, wie ihre Ernte sein würde. Ähnlich wie bei den Siebenschläfern (27. Juni) gilt nämlich, dass gutes Wetter an Bartholomäus sich bis Michael (29. September) hält!

MACH MIT: SOMMERNACHTSFEST

Wart ihr schon mal so lange auf, dass ihr wisst, wie die Nacht ist? Sie ist voll leiser Geräusche. Das ist manchmal unheimlich, weil man nicht sehen kann, was da wispert, raschelt, gluckert oder knuspert. Feiert mit euren Eltern und euren Freunden mal ein Sommernachtsfest! In warmen, klaren Augustnächten kann man draußen sehr gut beobachten, wie das Licht am Himmel sich verändert, die Schatten länger werden und dann der erste Stern zu sehen ist. Hört auf die Geräusche und versucht sie zu erklären. Auf jeden Fall solltet ihr den Himmel beobachten. Wenn ihr ein Fernrohr oder ein starkes Fernglas besorgen könnt, dann ist das noch besser. Welchen Stern sieht man eigentlich zuerst, wenn es dunkel wird? Vielleicht seht ihr ja auch Sternschnuppen! Ihr dürft euch dann etwas wünschen, aber damit es in Erfüllung geht, dürft ihr es nicht laut sagen. Bevor ihr vielleicht sogar im Freien übernachtet – in einem Zelt im Garten oder im Bett auf dem Balkon –, könnt ihr noch etwas Leckeres essen und trinken. Das fühlt sich nachts auch anders an als tagsüber!

Der Mond ist aufgegangen

Text: Matthias Claudius
Melodie: Johann Abraham Peter Schulz

2. Wie ist die Welt so stille
Und in der Dämmerung Hülle
So traulich und so hold
Gleich einer stillen Kammer
Wo ihr des Tages Jammer
Verschlafen und vergessen sollt

3. Seht ihr den Mond dort stehen
Er ist nur halb zu sehen
Und ist doch rund und schön
So sind wohl manche Sachen
Die wir getrost verlachen
Weil unsere Augen sie nicht seh'n

4. So legt euch denn ihr Brüder
In Gottes Namen nieder
Kalt ist der Abendhauch
Verschon uns Gott mit Strafen
Und laßt uns ruhig schlafen
Und unser'n kranken Nachbar auch

Kirmes

Kirmes bezeichnet eigentlich die Messe, bei der die Kirche eines Ortes geweiht wurde. Später bedeutete Kirmes das jährliche Fest, an dem man sich daran erinnerte. Und schließlich wurde dieses Wort mit Jahrmärkten und Volksfesten im Allgemeinen verbunden.
Kirmes wurde von Ende August (Bartholomäus) bis spätestens Mitte November (Martin) gefeiert, denn die Kirmes- oder Kirchweihtage waren früher Feste zum Abschluss der Ernte.

DAS KIRCHWEIHFEST
(mittelhochdeutsch Kirmesse = Kirchmesse, Kirchweih)

Heute gibt es – besonders in Städten – auch andere Termine für die Kirmes.

Kirmes war früher ein Familienfest. Es wurde gebacken und geschlachtet, das Haus geputzt und geschmückt. Das Fest begann sonntags mit einer Messe in der Kirche und einer Prozession durch das Dorf. Anschließend wurde festlich zu Mittag gegessen. Das dauerte meistens so lange, dass es schon gleich darauf Kaffee und Kuchen gab. Vier Tage lang feierte man im Dorf mit Musik und Tanz, Sackhüpfen, Vogelschießen oder Ringkämpfen. Am vierten Tag wurde die Kirmes begraben. Jeder Ort hatte seine eigenen Bräuche.

KIRMESBRÄUCHE
Familienmitglieder kamen zu Besuch, die weit weg wohnten.

SCHÜTZENFEST

Heute ist die Kirmes oft mit dem Schützenfest eines Ortes verbunden. Die Schützen sind aus mittelalterlichen christlichen Bruderschaften entstanden. Die wehrfähigen Männer eines Ortes taten sich zusammen und übernahmen im Fall eines Angriffs die Verteidigung. Heute ist es bei den Schützen Brauch, einmal im Jahr einen Schützenkönig zu wählen. Er muss mit Armbrust oder Gewehr »den Vogel abschießen«.

KARUSSELL UND GEISTERBAHN

Die größte Kirmes Europas ist übrigens die Rheinkirmes in Düsseldorf. 350 Schausteller und 4,5 Millionen Besucher kommen jedes Jahr auf die Rheinwiesen.

Früher gab es auf den Jahrmärkten nicht nur den Handel mit Vieh oder Korn oder anderen Waren. Viele Menschen wollten auch die Spaßmacher und Zauberer sehen. Auch zum Kirchweihfest kamen schließlich Feuerschlucker. Und seit dem 19. Jahrhundert gab es auch Karussells auf der Kirmes. Man freute sich darüber, gemächlich im Kreis zu fahren, während die Schausteller die Karussells mit ihrer Körperkraft von der Mitte aus antrieben.

MACH MIT: KIRMESÄPFEL

Zutaten: 2 Äpfel, 100 g Zucker, 4 Tropfen rote Lebensmittelfarbe, 50 ml Wasser, 1/2 Teelöffel Essig, 2 Stäbe, ein eingefetteter Teller, ein Topf, ein Kochlöffel

Die leckeren roten Äpfel auf Stäben, die man auf der Kirmes kaufen kann, könnt ihr auch selbst machen!

So geht's: Die Äpfel waschen, trocken reiben und fest auf die Holzstäbe stecken, sodass sie nicht herunterrutschen können. Wasser, Zucker, Essig und Lebensmittelfarbe in einem Topf fünf Minuten lang kochen. Die Äpfel an den Stäben festhalten und in der Glasur drehen, bis sie rundherum schön rot sind.
Auf dem gefetteten (dann kleben sie nicht fest!) Teller auskühlen lassen.

Himmelsreise des Propheten

Mit *Kandil* werden besondere religiöse Feiertage im Islam bezeichnet, weil an solchen Tagen die Moscheen festlich beleuchtet sind. Kandil-Nächte sind unter anderem Neujahr (1. Muharram) und das Aschura-Fest, der Geburtstag des Propheten (Maulid) oder Beginn und Ende des Fastenmonats Ramadan.

KANDIL-NÄCHTE
(arabisch Kandil = Öllampe)

Im Monat Radschab, dem ersten von drei aufeinander folgenden Monaten, gibt es gleich zwei solcher Kandil-Nächte: *Ragaib-Kandil*, die Nacht auf den ersten Freitag des Monats Radschab, liegt am Beginn der drei heiligen Monate. Alle Gebete in dieser Nacht sind vor Gott besonders segensreich. In der Nacht zum 27. Radschab wird *Miradsch Kandil* gefeiert. Man gedenkt der Himmelsreise des Propheten.

DER MONAT RADSCHAB
Im islamischen Jahr 1425 wird der 27. Radschab voraussichtlich am 21. oder 22. August 2006 gefeiert.

GEHEIMNISVOLLE NACHTREISE

Muslime feiern die »Nacht der Himmelsreise« mit erleuchteten Moscheen, mit Gebeten und Treffen bei Freunden, denen sie selbst gemachte Süßigkeiten mitbringen. Das Fest geht zurück auf den Koran. Auch in vielen Gedichten wird das Ereignis erzählt.
Eines Nachts weckte der Engel Gabriel Mohammed aus dem Schlaf. Er hob ihn auf Buraq, ein geflügeltes himmlisches Reittier mit einem Menschengesicht. Gabriel fasste die Zügel und Mohammed wurde von Mekka über Medina, den Berg Sinai, wo Moses mit Gott gesprochen hatte, und Bethlehem, dem Geburtsort Jesu, nach Jerusalem getragen. Dort traf er im Tempel auf viele Engel und alle Propheten vor seiner Zeit, so auch auf Abraham, Moses und Jesus. Mohammed als der letzte Prophet dieser Reihe betete mit ihnen.
Danach stieg Mohammed durch die sieben Himmel bis zu Gott empor. Er erhielt das göttliche Versprechen, einst mit seiner Gemeinde ins Paradies einzukehren. Dafür forderte Gott fünf Gebete am Tag.

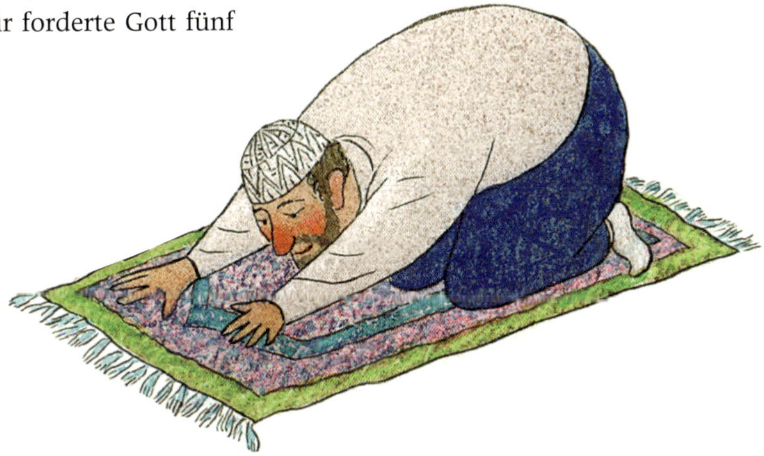

DIE GEBETSZEITEN IM ISLAM

Fünf Mal am Tag ruft der Muezzin (Gebetsrufer) die Gläubigen vom Minarett herab zum Gebet: zum Morgengebet, wenn das erste Licht im Osten zu sehen ist; zum Mittagsgebet, wenn die Sonne im Zenit, am höchsten Himmelspunkt steht; zum Nachmittagsgebet, wenn der eigene Schatten seine doppelte Länge erreicht hat; zum Abendgebet nach Sonnenuntergang, wenn die Sonne nicht mehr am Horizont zu sehen ist; und zum Nachtgebet, wenn das letzte Abendrot vom Himmel verschwunden ist.

Erntefeste

DIE ERNTE IST EINGEFAHREN!
Ohne Maschinen dauerte damals die Erntearbeit viel länger als heute.

Früher mussten die Bauern oft wegen des Wetters oder Ungeziefers um ihre Ernte fürchten. Erntehelfer wurden nur für die Ernte eingestellt. Sie gingen mit Sicheln und Sensen auf die Felder, schnitten die Ähren und trugen sie zu Garben zusammen. Sie banden die Garben und stellten sie zeltförmig zum Trocknen auf. Ein Unwetter konnte jederzeit alles ruinieren. Die Ernte war erst sicher, wenn sie in die Scheune gefahren wurde. War die Ernte vorbei, wurde für alle ein großes Festessen gekocht. Oft gab es schon das erste gebackene Brot aus dem neuen Korn. In der »Ernteschüssel« wurden zweierlei Sorten Fleisch auf den Tisch gestellt.

BRÄUCHE ZUR KORNERNTE
Fast überall wurden Erntekönige und Ernteköniginnen gewählt – zum Beispiel Nusskönig oder Hopfenkönig.

Es gibt unzählige Bräuche, die mit der Ernte verbunden sind. Meistens haben sie viel mit Aberglauben zu tun. Es wurde zum Beispiel eine Garbe Korn auf dem Feld zurückgelassen, um der Kornmuhme zu danken. Sie war ein Geist, der das Feld beschützen oder zerstören konnte. Wenn der erste Erntewagen eingefahren wurde, durfte man sich dabei nicht streiten, sonst fraßen die Mäuse die Ernte.

Wenn das alle Bäume tun würden

Vorsichtig probierte er einige Schritte auf dem Hinterhof. Andrea und Nick sahen ihm aus dem Fenster ihres Zimmers im dritten Stock zu. »Toll«, sagte Andrea. »Eben stand der Baum noch. Jetzt läuft er rum.«

Die beiden rannten auf den Hof. Noch ein wenig unsicher kam ihnen der Baum entgegen. »Eigentlich würde ich ja gerne stehen bleiben«, sagte er. »Aber man will mich absägen. Deswegen verschwinde ich und suche mir einen neuen Platz.« Dann machte er einen kleinen Luftsprung und rief: »Ich freu mich, dass ich gehen kann. Ich freu mich riesig.«

»Ruhe!«, rief jemand aus dem Haus. »Zwischen eins und drei herrscht Ruhe!«

»Ich werde es mir merken!«, meinte der Baum. Dann gingen sie zu dritt los, der Baum auf seinen Wurzeln, die Kinder auf ihren Füßen.

Da kam ihnen eine ältere Frau mit prallvoller Einkaufstasche entgegen. Der Baum blieb stehen. Drei Meter ragte er hoch. Und er tat so, als würde er genau an diese Stelle des Gehsteigs gehören. Ohne ihn zu beachten, ging die Frau an ihm vorbei. Aber nach einigen Metern drehte sie sich um … und staunte …, denn da spazierte ein Baum mit zwei Kindern auf dem Gehsteig.

Vor Staunen setzte sie ihre Einkaufstasche ab und sagte: »Na, so was! Wenn das alle Bäume tun würden!« Und sie ging hinter dem Baum und den Kindern her.

Ein Busfahrer sah das, trat auf die Bremse und rief: »Wenn das alle Bäume tun würden!« Dann stieg er aus seinem Bus. Jetzt ging der staunende Busfahrer hinter der älteren Frau mit prallvoller Einkaufstasche her, die hinter den Kindern herging, die knapp hinter dem Baum gingen. Und hinter dem staunenden Busfahrer gingen zwei staunende Fahrgäste.

»Ein guter Platz für Bäume«, sagte der Baum und zeigte zum Eingang einer Gärtnerei. Dort blieb er mit den Kindern stehen. »Nur zur Probe«, sagte er.

Hinter der nächsten Hausecke standen seine Verfolger. Sie sahen, dass der Gärtner aus der Gärtnerei kam. Um den Bauch trug er eine grüne Schürze. In der Hand hielt er ein Beil. Da rannte der Baum mit den Kindern davon. Hinter ihnen rannte der Gärtner mit Beil und der Busfahrer rief: »Das muss ich sehen.« Er lief hinter dem Gärtner und den Kindern und dem Baum her. Und er rannte knapp vor der Frau mit prallvoller Einkaufstasche, hinter der die beiden Fahrgäste rannten und riefen: »Wenn das alle Bäume tun würden!«

Der Gärtner rannte so schnell, dass er in einen Mann hineinrannte, ihn richtig umrannte, der ihm entgegengerannt kam, weil er vor einem rennenden Baum davongerannt war. Jetzt lagen die beiden auf dem Gehsteig. Der Busfahrer fiel über sie und

über die drei Gefallenen fielen die zwei Fahrgäste. Zum Glück konnte die Frau mit Einkaufstasche den fünf Daliegenden ausweichen. »Und das alles nur, weil da ein Baum rennt«, sagte sie laut schnaufend.
»Haben Sie das auch gesehen?«, fragte der, der vor einigen Augenblicken entgegengerannt kam und mit dem Gärtner zusammengerannt war und deswegen jetzt weit unten lag. »Ich bin Weihnachtsbaumverkäufer von Beruf. Als Weihnachtsbaumverkäufer muss ich sagen … Wenn das alle Bäume tun würden! Stellen Sie sich vor, das wäre ansteckend.«
»Nichts wie hinterher!«, rief der Busfahrer. Und da rannten sie wieder alle.
Jetzt überholte der Fahrer den Gärtner und die Frau mit der Einkaufstasche blieb ein wenig zurück. »Kein Wunder«, japste sie. »Ich bin nicht mehr die Jüngste und dazu diese prallvolle Tasche.«
Während sie rannten, blieben der Baum und die Kinder vor einer grauen Fabrik stehen. »Die Luft ist zwar stinkig«, sagte der Baum, »aber an diesem Platz werde ich sicher allen gefallen.« Die Kinder stellten sich unter seine Zweige.
Da kam der Pförtner dieser Fabrik. Er knurrte unfreundlich: »Sie stehen auf dem Fabrikgelände. Und das Betreten des Fabrikgeländes ist verboten.«
Der Baum rannte los und sagte: »Hier gefällt's mir doch nicht.« Die Kinder rannten hinter dem Baum her und der wollte wissen: »Hetzt man sich in der Stadt immer so ab?«
Der Pförtner rannte hinterher und er rannte vor dem Busfahrer, der jetzt schon deutlich vor dem Gärtner rannte, der gerade von dem Weihnachtsbaumverkäufer eingeholt wurde. Da machten die beiden Fahrgäste einen Zwischenspurt und die Frau mit prallvoller Einkaufstasche blieb stehen und sagte: »Ich brauche eine Pause. Der Baum hetzt einen ja durch die ganze Stadt.«
Gleich darauf blieb der Pförtner stehen und gab auf. Der Gärtner konnte nicht mehr. Die Fahrgäste fragten den Fahrer: »Wann fahren wir weiter?« Und der Weihnachtsbaumverkäufer hatte beim Überholen seine letzte Kraft verbraucht. Deswegen standen alle.

Da gingen der Baum und die Kinder in einen Park. »Das ist ein schöner Platz zum Ausruhen«, sagte der Baum. Aber kaum stand er still, kam eine Schulklasse. Voraus ging der Lehrer und sprach über Bäume. Er sagte: »Diese hohen Holzgewächse mit Ästen, Blättern und Zweigen stecken mit ihren Wurzeln fest …«
Als der Baum das hörte, hatte er keine Lust mehr sich von der Rennerei zu erholen. Er hüpfte ein wenig zur Seite und kicherte.
Die Schulkinder riefen: »Der Baum hüpft!«
»Er hüpft nicht«, sagte der Lehrer und erklärte: »Er kann nicht hüpfen, denn diese hohen Holzgewächse halten sich mit ihren Wurzeln in der Erde fest. Mit ihren Wurzeln nehmen sie außerdem die Nahrung aus dem Boden auf. Und …«
Da winkte der Baum mit den Wurzeln. Er hob sie einfach ein Stück und winkte.
Die Kinder riefen: »Er winkt mit den Wurzeln und er hüpft schon wieder.«
»Er hüpft und winkt nicht«, erklärte der Lehrer. »Er kann das nicht, denn diese hohen Holzgewächse mit ihrem harten Stamm, der Krone, den Ästen und Zweigen, von denen es Nadel- und Laubbäume gibt …«
»Und Hüpfbäume!«, riefen die Kinder, denn der Baum hüpfte ein Stückchen.
»Er hüpft nicht!«, rief der Lehrer. Dann ging er ein wenig ärgerlich mit den Kindern weiter und erzählte ihnen noch einiges über Pflanzen und Tiere im Park. Und weil es dem Baum hier gefiel, wuchs er einfach fest.
Andrea und Nick besuchen ihn oft. Irgendwann wollen sie mal wieder einen Spaziergang zu dritt machen. »Aber erst muss ich mich von der Rennerei ausruhen«, sagt der Baum.

Achim Bröger

Der erste Schultag

SCHULPFLICHT
(rheinisch i-Dötzchen = i-Punkt)
Die Pflicht, allen Kindern die Gelegenheit zu geben etwas zu lernen, gibt es erst seit 200 Jahren.

Wenn die Sommerferien zu Ende gehen und die Schule wieder beginnt, ist das für Abc-Schützen, Erstklässler oder i-Dötzchen ein besonderes Fest. Heute gehört die Schule einfach dazu, wenn man sechs Jahre alt wird. Früher konnten es sich nur reiche Familien leisten, ihre Kinder regelmäßig in die Schule zu schicken. In ländlichen Gegenden mussten die Kinder auf dem Feld oder im Haushalt mithelfen. Oft hatten sie schon die Kühe gemolken, bevor sie zur Schule gingen.

LESEN, SCHREIBEN, RECHNEN
An jeder Schiefertafel hing ein Lappen an einem Band, mit dem man das Geschriebene wieder auswischen konnte.

Früher wurden in der Schule nur Lesen, Schreiben, Rechnen, Religion und Singen unterrichtet. Sport oder Schwimmen war am Anfang des 19. Jahrhunderts nicht üblich. Im Deutschunterricht schrieb der Lehrer meist einen Text an die Tafel, den alle Schüler mit Kreidestiften auf Schiefertafeln abschreiben mussten. Dafür gab es Noten in Schönschrift und Rechtschreibung. Papier und Tinte konnten sich die meisten Kinder nicht leisten, denn sie waren sehr teuer.

DIE SCHULTÜTE
Schultüten gibt es seit 1810.

Auch wenn die Schule sich seit damals sehr verändert hat – die Schultüte gibt es immer noch! Heute werden außer Süßigkeiten oft auch Wecker in die Tüte gesteckt, denn schließlich muss man morgens jetzt pünktlich aus dem Bett steigen. Zwischen Traubenzucker und Gummibärchen findet sich meist eine Überraschung – vom Spielzeug bis zur Taucherbrille ist alles möglich!

DER ZUCKERTÜTENBAUM
Auf dem Land gab es damals noch Kuchenbrezel oder ein gebackenes ABC für die Kinder.

Zum ersten Mal tauchten Schultüten in Sachsen und Thüringen auf, aber nur in den Städten wie Jena, Dresden und Leipzig. Der Lehrer stellte einen Tag vor Schulbeginn den Zuckertütenbaum, ein stabiles Drahtgestell, im Klassenraum auf. Die Eltern brachten ihm die Zuckertüten mit den Namen ihrer Kinder vorbei und er hängte sie an das Gestell. Am Einschulungstag

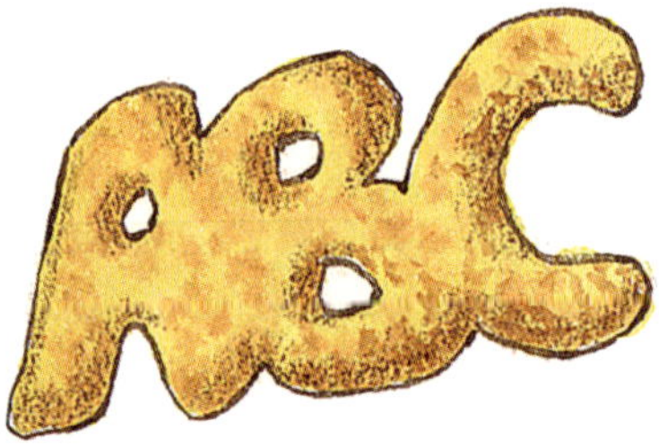

durfte sich jedes Kind seine Tüte vom Baum pflücken. In Bayern erzählte man die Geschichte vom Zuckertütenbaum anders. Er wuchs im Schulkeller und einmal im Jahr erntete der Lehrer ihn für die Schulanfänger ab. Zuckertütenbäume gibt es heute noch – nur sind die Tüten mit der Zeit größer geworden. Erich Kästner, der *Das fliegende Klassenzimmer* und andere Kinderbücher geschrieben hat, bekam schon 1905 an seinem ersten Schultag eine Tüte, die so groß war wie er selbst!

Die Dorfschule

NUR EIN KLASSENZIMMER

Damals hatten Dörfer oft noch keine eigenen Schulgebäude. Ein Lehrer konnte vom Unterrichten allein nicht leben und hatte noch einen zweiten, handwerklichen Beruf. Vormittags unterrichtete er alle Klassen gemeinsam. Bis zu vierzig Dorfkinder von sechs bis vierzehn Jahren saßen in einem Raum auf Holzbänken. Während die Kleinen das Alphabet lernten, rechneten die Größeren Aufgaben aus oder lasen einen Text, über den sie dann später sprachen. So bekamen die Jüngeren oft schon vieles mit, was sie im nächsten Jahr selbst wissen mussten.

GEHORSAM UND FLEISSIG

Es gab harte Strafen, wenn die Kinder nicht still saßen und so waren, wie man sich Schüler vorstellte: gehorsam, fleißig, ordentlich und sauber. Sie mussten die Hände auf dem Tisch falten und die Füße ordentlich nebeneinander auf den Boden stellen. Kein Schüler durfte auf der Kante der Bank kippeln, sondern musste gerade sitzen. Sonst erwartete sie der gefürchtete Rohrstock.

Der September ist der siebte Monat (*septem* = sieben) im alten römischen Kalender. An ihm kann man deutlich sehen, dass die Römer das Jahr einmal mit dem März angefangen haben. Heute ist er unser neunter Monat.

NAMEN FÜR DEN SEPTEMBER Herbstmond oder Herbsting wurde er auch genannt, weil im September der Herbst beginnt. Früchtemonat, Obstmonat, Wildmond und Holzmonat drücken den Beginn der Obsternte, der Jagd und der Waldarbeit aus.

Mariä Geburt
jagt alle Schwalben furt.

Nach Septembergewittern
wird man im Februar vor Kälte zittern.

Wenn abends dicker Nebel liegt,
dann das schöne Wetter siegt.

DIE NATUR IM SEPTEMBER

Im September beginnen sich die Schwalben zu sammeln, um in den warmen Süden bis nach Afrika zu fliegen. Jetzt ist der Sommer vorbei und der »Altweibersommer« beginnt, in dem es zum letzten Mal im Jahr schön warm und sonnig werden kann. Habt ihr schon mal Spinnen fliegen sehen? Das könnt ihr jetzt! Die jungen Wolfsspinnen schießen einen Flugfaden aus ihrem Hinterleib und lassen sich durch die warme Luft tragen.
Morgens liegt manchmal schon kühler Dunst über den Wiesen. Wildschweine fressen sich ihren Winterspeck an und Marienkäfer, Eidechsen und Fledermäuse beginnen ihre Winterruhe.

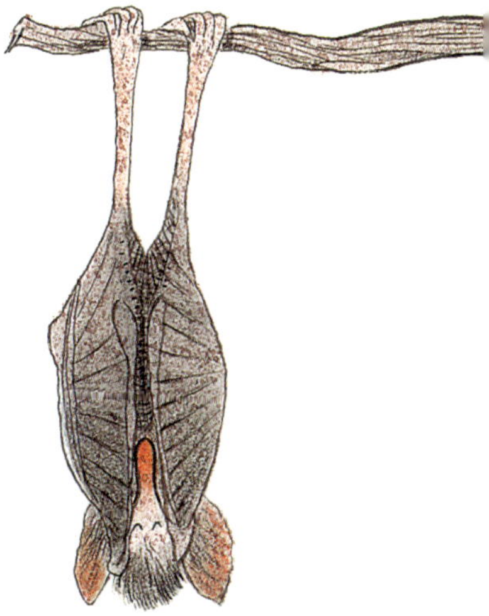

3. September: Tag des heiligen Gregor

KIRCHENVATER
Gregor ist der Patron des kirchlichen Schulwesens, der Lehrer, Studenten und Schüler, der Sänger und Musiker.

1969 wurde der Tag des heiligen Gregor vom 12. März in der Fastenzeit auf den 3. September verlegt. Man erinnert sich an ihn nicht mehr an seinem Todestag, sondern an dem Tag, an dem er zum Bischof von Rom geweiht wurde.

Papst Gregor I. wurde um 540 als Sohn eines Senators in eine reiche römische Familie geboren und im Jahr 590 zum Papst geweiht. Er war ein energischer Kirchenführer und kümmerte sich darum, dass die inzwischen christlichen Länder nicht wieder heidnisch wurden. Unzählige Predigten stammen von ihm und werden zum Teil heute noch in der katholischen Kirche gelesen. Er schrieb auch die ersten Legenden über Heilige aus seiner Zeit und nach ihm wurde der einstimmige Gesang benannt, der noch immer in der Kirche zu hören ist: der Gregorianische Choral. Gregor starb am 12. März 604 und wurde in der Peterskirche in Rom begraben.

Seit dem Mittelalter gab es das Gregorisingen, bei dem die Lehrer mit ihren Schülern durch das Dorf und zu den Bauernhöfen zogen, wo sie Lieder sangen oder Gedichte aufsagten. Dafür bekamen sie Fleisch, Mehl, Eier, Brot und Schmalz für ein anschließendes Fest.

SCHÜLERFESTTAG
Schülerumzüge am Gregoritag gingen durch die Stadt und endeten auf dem Jahrmarkt, wo es ein Festessen gab – zumindest aber einen Korb voller Brezeln.

Die Schüler der kirchlichen Lateinschulen feierten früher am 12. März, dem Todestag Gregors, ein Schülerfest, das auch in evangelischen Gegenden begangen wurde. Die Schüler wählten einen Rektor und statteten ihn wie den echten Rektor mit Schulschlüssel und Rute aus. Die anderen Schüler verkleideten sich als Pfarrer, Lehrer, Arzt oder Jurist, entsprechend den Berufen, die sie einmal ergreifen wollten. Die echten Lehrer hatten an diesem Tag nichts zu sagen und spielten die Schüler. Und der echte Rektor musste allen sogar eine komplette Mahlzeit spendieren.

8. September: Mariä Geburt und andere Geburtstage

GEBURTSTAGE

Mariä Geburt ist schon seit dem 8. Jahrhundert ein katholisches Kirchenfest und wird seit über 1 000 Jahren überall gefeiert. Außer Weihnachten und dem Johannistag (24. Juni) ist dieses Fest das einzige, das einen Geburtstag feiert.
Der Namenstag war früher besonders in ländlichen Gegenden immer wichtiger als der Geburtstag, denn er feiert den Heiligen, dessen Namen man bei der Taufe bekommt.

GEBURTSTAGSFESTE

Im antiken Athen und Rom wurden Geburtstage als Freudentage angesehen und zu Ehren des guten Geistes begangen, der das Kind bei der Geburt geschützt hatte. Die christliche Kirche wollte diesem Aberglauben entgegenwirken, aber trotzdem wurden Geburtstage gefeiert. In den Geschichten des Mittelalters, zu denen auch Märchen gehören, tauchen gute und böse Geister oder Feen bei der Geburt wieder auf.

ABERGLAUBEN UND ORAKEL
Träume in der Geburtstagsnacht gehen in Erfüllung

Der Geburtstag wurde als Glückstag angesehen und alles, was an diesem Tag geschah, hatte eine besondere Bedeutung. In manchen Gegenden war es Brauch, dem Baby ein Ei, ein Geldstück und ein Buch hinzuhalten. Je nachdem, wonach es als Erstes griff, glaubte man zu wissen, was es für einen Beruf ergreifen würde – Bauer, Kaufmann oder Gelehrter.
Bei der Geburt eines Kindes wurde ein Baum gepflanzt – oft ein Apfelbaum für einen Jungen und ein Birnbaum für ein Mädchen. Wie dieser Baum gedieh, so würde auch das Kind heranwachsen.

GEBURTSTAGSTORTE UND GESCHENKE
Erst heutzutage biegen sich manchmal die Tische vor lauter Geschenken.

Ein besonders schöner Geburtstagskuchen bedeutet ein langes und glückliches Leben. Das Gleiche gilt, wenn man die Kerzen auf dem Geburtstagskuchen alle auf einmal ausbläst. Ein besonderes Glück ist, wenn das Lebenslicht in der Mitte als Letztes herunterbrennt. Man darf es natürlich nicht mit auspusten. Geburtstagskinder bekamen früher ihre Lieblingsspeise gekocht. Es gab oft Obst und Nüsse als Geschenk für sie. Das Wichtigste aber ist schon immer, mit eurer Familie und euren Freunden zu feiern, dass ihr auf der Welt seid!

MACH MIT: OMAS GEBURTSTAGSKUCHEN
Zutaten: 500 g Mehl, 1 Päckchen Backpulver, 125 g Zucker, 1 Päckchen Vanillin-Zucker, 1 Prise Salz, 250 g Margarine, 4 Eier, 150 ml Milch, 150 g gehackte Mandeln, Schokoladenglasur, Fett und Paniermehl für die Form, Kerzen

Jede Familie hat eigene Rezepte für besonders schöne Torten und Kuchen zum Geburtstag. Vom Piratenschiff bis zur Autorennbahn gibt es unzählige Möglichkeiten. Dieses Rezept aus alter Zeit ist ganz einfach.

So geht's: Mehl, Backpulver, Zucker und Vanillezucker in einer Schüssel gut mischen. Salz, weiche Margarine, Eier und Milch nach und nach zugeben und dabei mit dem Rührgerät so lange rühren, bis der Teig Blasen schlägt. Zum Schluss die Mandeln unter den Teig heben. Eine Napfkuchenform mit Fett einreiben und mit Paniermehl ausstreuen. Den Teig einfüllen und im vorgeheizten Ofen (175 Grad) ungefähr 60–70 Minuten backen. Nach dem Auskühlen mit Schokoladenglasur bestreichen und je nach Alter die richtige Anzahl Geburtstagskerzen aufstecken.

Rumpumpels Geburtstag

Text: Paula Dehmel
Melodie: Karl Marx

2. Guckt das Eichhörnchen runter:
Wenig Zeit, wenig Zeit!
Guten Morgen, Rumpumpel,
dein Geburtstag ist heut.

3. Kommt das Häschen gesprungen,
macht Männchen vor Freud:
Guten Morgen, Rumpumpel,
dein Geburtstag ist heut.

4. Steht der Kuchen auf dem Tisch,
macht sich dick, macht sich breit:
Guten Morgen, Rumpumpel,
dein Geburtstag ist heut.

20. September: Weltkindertag

VOR FÜNFZIG JAHREN
(UNO = United Nations Organization, die Organisation der Vereinten Nationen)

Im Jahr 1954 schlug die UNO vor, einen Weltkindertag ins Leben zu rufen. Inzwischen haben 130 Länder auf der Welt einen Weltkindertag, wenn auch nicht alle zum gleichen Datum. Die UNO überließ es nämlich den einzelnen Ländern, wann sie diesen Tag feiern wollten. In den deutschsprachigen Ländern wird er am 20. September gefeiert.

KINDER HABEN RECHTE!

Der Tag ist ein Fest für Kinder. Aber noch wichtiger ist, dass sich alle 130 Länder dazu verpflichtet haben, die Rechte der Kinder zu schützen. Ungefähr 300000 Kinder auf der Welt lernen statt Lesen und Schreiben mit Waffen Menschen zu töten. Es gibt Kinder, die geschlagen und misshandelt werden. Die am Weltkindertag beteiligten Länder sorgen dafür, dass das bei ihnen nicht passiert. Sie haben aus diesem Grund 1990 die Kinderrechtskonvention, einen verbindlichen völkerrechtlichen Vertrag, unterschrieben.

KINDERWÜNSCHE

Fragt man Kinder nach ihren Wünschen für diesen Tag, dann möchten sie Frieden auf der Welt und ein Zuhause für alle Kinder. Kein Kind soll mehr töten oder hungern müssen und die Erwachsenen sollen sich mehr um ihre Kinder kümmern. In vielen Schulen wird über die Probleme von Kindern gesprochen, die in Kriegsgebieten wohnen. Oft sammeln Schüler auch Geld für Kinder in Not. Sie wollen diesen Kindern ein Zeichen geben, dass sie nicht allein sind.

MACH MIT: WELTKINDERTAGS-WÜNSCHE

Ob ihr eure Wünsche auf kleine Fähnchen schreibt und im Wind flattern lasst oder an Luftballons bindet und sie auf diese Weise in die Welt schickt – es gibt viele Arten, seine Wünsche zu äußern. Was wünscht ihr euch also an diesem Tag? Wie kann die Welt für euch besser werden?

Rosch ha-Schana

NEUJAHRSFEST

(hebräisch = »Kopf des Jahres«)

Das jüdische Neujahrsfest Rosch ha-Schana wird im Monat Tischri (September/Oktober) zwei Tage lang begangen. Es erinnert daran, dass Gott einmal Gericht über alle Menschen halten wird. Es erinnert auch an den ersten Schöpfungstag und wird als »Geburtstag der Welt« verstanden. Schon im letzten Monat vor dem Neujahrsfest wird beim täglichen Gottesdienst in der Synagoge das *Schofar* geblasen, um die Menschen an ihre Sünden zu erinnern und das Lob Gottes zu verkünden. Am Neujahrsabend begrüßen sich die Juden mit dem Neujahrswunsch: »Zu einem guten Jahr mögest du ins Buch des Lebens eingetragen sein.« Beim feierlichen Essen zu Hause brennen Kerzen. Nach dem Segen ist es Brauch, als Symbol für ein »süßes Jahr« in Honig getauchtes Brot zu essen.

(Schofar = Widderhorn)

TAGE DER UMKEHR

Am ersten Tag des Neujahrsfestes beginnen zehn Bußtage. Die Juden glauben, dass nun das Buch des Lebens vor dem Richterstuhl Gottes aufgeschlagen wird. In diesem Buch sind nach der Überlieferung alle Taten der Menschen verzeichnet. Am Neujahrstag wird das Urteil geschrieben, am zehnten Bußtag wird es besiegelt. Zehn Tage haben die Gläubigen also Zeit, sich zu besinnen und für unrechte Taten um Verzeihung zu bitten. Die Versöhnung mit anderen ist die Voraussetzung, auch Gott um Versöhnung bitten zu können.

Jom Kippur

DAS HÖCHSTE JÜDISCHE FEST
(hebräisch Jom Kippur = Tag der Versöhnung)
Jom Kippur ist der stillste Tag im Jahr.

Jom Kippur ist das höchste jüdische Fest und der Abschluss der zehn Bußtage, die mit Rosch ha-Schana beginnen. An diesem Tag spricht Gott das Urteil über die Menschen und das Buch des Lebens wird wieder geschlossen. Menschen, die sich versöhnen und begangenes Unrecht wieder gutmachen, werden freigesprochen. Am Jom Kippur ruht das öffentliche Leben in Israel. Fernseh- und Radiosender stellen ihr Programm ein, in den Flughäfen wird nicht gearbeitet. Es fahren keine Autos und Cafés und Restaurants sind an diesem strengen Fasttag geschlossen.

EIN TAG IN DER SYNAGOGE
(hebräisch Kol Nidre = alle Gelübde)

Schon am Vorabend versammeln sich die Menschen in der Synagoge, wo das *Kol Nidre* gesungen wird. Dieses Gebet spricht die Gläubigen von Gelübden oder Versprechungen frei, die sie sich oder anderen gegenüber unachtsam gegeben haben. Außerdem betet man für die Toten und zündet Kerzen für sie an. Am Jom Kippur selbst wird dort aus dem Buch Jona vorgelesen. Der Prophet Jona hatte erreicht, dass die Einwohner Ninives von ihren Sünden abließen und so vor Gottes Strafgericht gerettet wurden. Ein langer Ton aus dem Schofar (Widderhorn) beschließt den Jom Kippur.

Die Nacht der Freisprechung

DIE VOLLMONDNACHT

Im Monat Schaban, dem dritten heiligen Monat in der Mitte des islamischen Jahres, wird am 15. Tag die Vollmondnacht besonders fröhlich und mit einem Feuerwerk gefeiert. Man glaubt, dass in der »Nacht der Freisprechung« sich der Himmel öffnet. Die Engel legen in dieser Nacht ihre Bücher vor, in denen die Taten und Gedanken der Menschen aufgeschrieben stehen.
Der Glaube an die Engel und an das Jüngste Gericht gehört zu den grundlegenden Verpflichtungen im Islam. Die Engel haben allein deshalb schon eine große Bedeutung, weil Gott durch sie Mohammed den Koran offenbart hat. Ohne sie wäre auch die Himmelsreise des Propheten nicht möglich gewesen.

BITTEN UM VERGEBUNG

Jeder einzelne Mensch trägt für sein Tun die Verantwortung und muss Rechenschaft vor Gott ablegen.

In der »Nacht der Freisprechung« bitten die Gläubigen um Vergebung für ihre schlechten Taten. Deshalb wird nach dem Abendgebet noch ein besonderes Gebet eingefügt. Die *Sure* (Kapitel) 36, die Sure *Yasin*, wird dreimal gesprochen. Sie ist das »Herz des Korans«. In ihr geht es um ein langes Leben, um die Abwendung des Bösen und um das Vertrauen in Gott. Durch die Fürbitte der Engel gewährt Gott die Vergebung. Die Freude darüber wird mit süßen Speisen und der besonders beleuchteten Moschee gefeiert.

DER BAUM DES SCHICKSALS

(arabisch Kismet = ein von Gott vorbestimmtes Schicksal)

Eine Legende besagt, dass in dieser Nacht Gott die Namen der Menschen auf die Blätter eines Baumes schreibt. Dann schüttelt er den Baum, und die Blätter mit den Namen der Menschen, die in den nächsten zwölf Monaten sterben werden, fallen zur Erde. Andere glauben, dass auf den Blättern nicht nur diese Namen, sondern alles, was den Menschen geschehen wird, geschrieben steht. Mit dieser Überlieferung wird deutlich, dass Muslime an ein *Kismet* glauben. Auch dieser Glaube gehört zu den grundlegenden Verpflichtungen im Islam.

23. September: Herbstanfang

TAGUNDNACHTGLEICHE

Wie am 21. März dauern auch dieser Tag und diese Nacht auf der ganzen Erde gleich lang, nämlich zwölf Stunden. Wieder steht die Sonne genau über dem Äquator. Aber diesmal beginnt für die Nordhalbkugel der Herbst und für die Südhalbkugel der Frühling. Bei uns werden die Tage allmählich kürzer, bis am 21. Dezember der kürzeste Tag des Jahres ist. Auf der Südhalbkugel ist es andersherum. Da werden die Tage länger und am 21. Dezember ist dort der längste Tag.

BUNT SIND SCHON DIE WÄLDER …

Gegen Ende September werden die Blätter gelb oder rostrot oder braun. Aber wieso tun sie das?
Solange die Sonne warm auf die Blätter scheint, können sie sich mit allen wichtigen Nährstoffen versorgen und sogar mithilfe des Sonnenlichts Sauerstoff herstellen! Ohne diesen Sauerstoff könnten Menschen und Tiere nicht leben. Im Herbst, wenn die Tage kürzer werden, hat die Sonne weniger Kraft. Der grüne Farbstoff (Chlorophyll) zieht sich aus den Blättern zurück und die anderen Farbstoffe überwiegen: Karotin für Gelb oder Orange, Anthocyan für Rot.

ÜBERLEBENSKÜNSTLER

Wenn die Blätter bunt werden, bereitet sich der Baum auf den Winter vor und zieht das Wasser aus Blättern, Zweigen, Ästen und Stamm. Die Blätter fallen ab und der Baum sieht wie tot aus. Das ist ein Trick der Natur: Wenn er seinen Saft im Winter im Stamm behielte, würde er bei Frost einfach platzen. Wasser dehnt sich nämlich aus, wenn es friert.

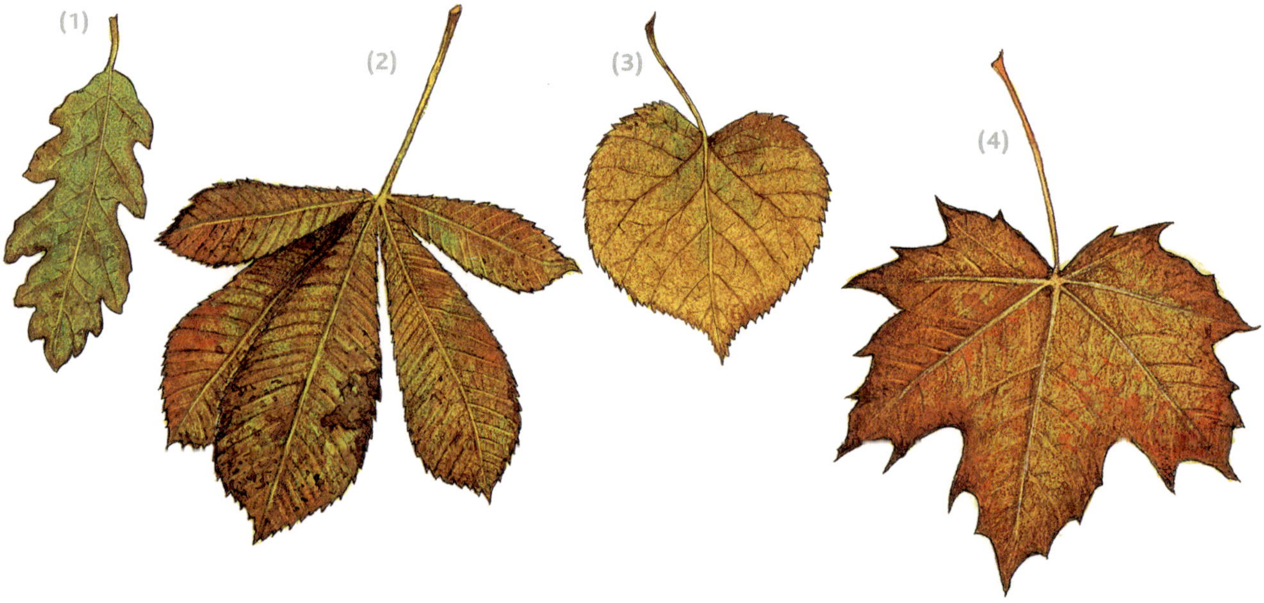

Erkennt ihr, von welchem Baum die Blätter sind, die auf dem Waldboden oder auf den Straßen liegen? Sie kommen von diesen Bäumen:

MACH MIT: WELCHES BLATT IST DAS?

(10)

(5) (6) (7) (8) (9)

(11)

Lösung: Ahorn (5), Birke (7), Buche (6), Eberesche (11), Eiche (1), Linde (3), Platane (4), Rosskastanie (2), Rotdorn (8), Walnuss (10), Weide (9)

Der Herbst steht auf der Leiter

Der Herbst steht auf der Leiter
und malt die Blätter an,
ein lustiger Waldarbeiter,
ein froher Malersmann.

Er kleckst und pinselt fleißig
auf jedes Blattgewächs,
und kommt ein frecher Zeisig,
schwupp,
kriegt der auch 'nen Klecks.

Die Tanne spricht zum Herbste:
Das ist ja fürchterlich,
die andern Bäume färbste,
was färbste nicht mal mich?

Die Blätter flattern munter
und finden sich so schön.
Sie werden immer bunter.
Am Ende fall'n sie runter.

Peter Hacks

29. September: Tag des heiligen Michael

DIE ERZENGEL
(hebräisch Michael = Wer ist wie Gott?; Gabriel = Gottes Held; Raphael = Heiler mit Gottes Hilfe)

Michael gehört mit Gabriel und Raphael zu den drei Erzengeln, die in der Bibel namentlich erwähnt und in der katholischen Kirche als Heilige verehrt werden. 1969 wurden auch die Feste für Gabriel (früher 24. März) und Raphael (früher 24. Oktober) auf den Tag des heiligen Michael verlegt. Der vierte Erzengel ist Uriel (*hebräisch* = *»Gottes Feuer«*), der in der Bibel nicht namentlich genannt wird.

DER SCHUTZHERR
Der Erzengel ist der Patron der Deutschen.

Das Fest des Erzengels Michael wird schon seit Anfang des 9. Jahrhunderts gefeiert. Viele Kirchen und Kapellen tragen seinen Namen, denn er ist der Patron der katholischen Kirche. Oft stehen diese Kirchen und Kapellen auf einem »Michelberg«. Der berühmteste ist der Mont Saint Michel in der Normandie.

»DER MICHEL ZÜNDET'S LICHT AN«
Die Handwerker arbeiteten erst bei Licht, wenn die »Lichtgans« oder der »Lichtbraten« verspeist war.

Am Abend vor dem 29. September wurde früher das Michelsfeuer angezündet. Es war ein Zeichen dafür, dass man ab jetzt wieder künstliches Licht bei der Arbeit brauchte. »Maria Lichtmess bläst das Licht aus, Sankt Michael zündet's wieder an«, heißt eine alte Redensart. Und natürlich wurde das auch mit einem Festessen gefeiert. In vielen Gegenden Europas wurden an diesem Tag Michelswecken gebacken. In Flandern legte man sie den Kindern als Überraschung unters Kopfkissen und in Schottland lud man sich gegenseitig zu einem Michaelskuchen ein. Wer von diesem Kuchen aß, stand unter dem Schutz des Erzengels.

Märkte und Messen

Feste Termine für Jahrmärkte sind unter anderem Lichtmess, Ostern, Pfingsten, Bartholomäus, Martin oder Weihnachten und auch »Michaeli«. An Michaeli am Ende des Vierteljahres wurden früher auch Steuern und Abgaben an die Kirche oder den Landesfürsten gezahlt. Dienstboten konnten sich einen neuen Arbeitgeber suchen und Erntehelfer wurden entlohnt. Von Michaeli bis Martin trafen sich auf Jahrmärkten Händler aus der weiteren Umgebung zum jährlichen Viehmarkt, Stoffmarkt oder Töpfermarkt. Es gab Märkte für die Obsternte, für Wurstwaren und für die Erzeugnisse der Winzer.

MICHAELI-MARKT
Seit dem Mittelalter beginnen wichtige jährliche Märkte an Heiligenfesten oder bestimmten Sonntagen.

Eine Messe ist nicht nur der Gottesdienst an einem kirchlichen Feiertag. Messe nennt man auch den Markt, der seit jeher an Heiligenfesten stattfand, den *dies feriae* (lateinisch »Feiertag«). Im 7. Jahrhundert gibt es die ersten Messen, seit dem 11. Jahrhundert findet man sie an wichtigen Verkehrsknotenpunkten in ganz Europa. Die älteste Messe in der Schweiz ist die Basler Herbstmesse, »Mäss« genannt. Seit 1471 ist sie für zwei Wochen bis zum Martinsfest ein Treffpunkt für Händler und Schausteller.

MESSEN
(französisch foire = Messe, Jahrmarkt; italienisch fiera = Messe)

Frankfurt ist eine der ältesten Messestädte der Welt. Ab 1150 gab es dort eine große Herbstmesse. Ab dem 15. Jahrhundert kamen die Geldgeschäfte der Banken und Börsen hinzu und seit 1480 findet die Buchmesse statt, heute Anfang Oktober die größte Buchmesse der Welt.
Leipzig ist seit 1497 Messestadt, besonders für die Tuchhändler, die ihre Geschäfte im alten Gewandhaus abwickelten. Seit 1594 treffen sich in Leipzig auch die Buchhändler, wie noch heute bei der Frühjahrsmesse im März.

FÜR SPEZIALISTEN

Im alten römischen Kalender war er der achte (lateinisch *octo*) Monat im Jahr. Heute ist er unser zehnter Monat. Im Oktober 1582 hat Papst Gregor XIII. den nach ihm benannten Gregorianischen Kalender eingeführt. Dieser Kalender hat Caesars Julianischen Kalender abgelöst und gilt überall seit dem 18. Jahrhundert.

NAMEN FÜR DEN OKTOBER

Er heißt auch Herbstmonat, Weinmonat oder Weinlesemonat. Gilbhart wurde er genannt, weil das Laub jetzt gelb ist. Dachsmond nannten ihn die Jäger und Reifmond heißt er, weil die ersten Nachtfröste kommen.

Fällt das Laub zu bald,
wird der Herbst nicht kalt.

Festes Laub an Zweig und Ästen,
rechne mit Winters starken Frösten.

Siehst du die Wildgänse südwärts ziehen,
wird bald der Herbst von dannen fliehen.

Ist der Oktober warm und fein,
folgt ein scharfer Winter drein.
Ist er aber kühl und nass,
bleibt dann die Winterkälte blass.

DIE NATUR IM OKTOBER

Die Blätter an den Bäumen sind bunt geworden und fallen herab. Die Nächte werden schon kalt und ungemütlich. Morgens liegt leichter Nebel über den Wiesen und Feldern und an den Spinnennetzen hängen Tautropfen. Wenn die Spinnen jetzt schon aus ihren Winkeln hervorkommen und die Bienen ihre Fluglöcher verschließen, dann kommt ein harter Winter.
Igel verstecken sich unter Laubhaufen, unter Steinen oder Reisig und beginnen ihren Winterschlaf. Dabei solltet ihr sie nicht stören! Die Schnecken verkriechen sich unter die Erde und ziehen sich in ihr Haus zurück. Sie »deckeln« sich ein, indem sie ihre Gehäuseöffnungen verschließen.

3. Oktober: Tag der Deutschen Einheit

Fast jedes Land dieser Welt hat einen Nationalfeiertag. In vielen Nationen heißt der Nationalfeiertag »Unabhängigkeitstag«, weil diese Länder sich daran erinnern, dass sie nicht mehr von einer anderen Macht regiert werden. Die Vereinigten Staaten feiern am 4. Juli ihre Unabhängigkeit von Großbritannien.
In Frankreich feiert man den Nationalfeiertag am 14. Juli aus einem anderen Grund. 1789 begann die Französische Revolution. Das französische Volk lehnte sich gegen die uneingeschränkte Macht des Königs und des Adels auf.

WIEDER-VEREINIGUNG

Der Zweite Weltkrieg war 1945 zu Ende. Seitdem gab es zwei deutsche Staaten mit verschiedenen Nationalfeiertagen. Die Deutsche Demokratische Repubik feierte den Tag ihrer Staatsgründung am 7. Oktober 1949. In der Bundesrepublik wurde mit dem 17. Juni an den Volksaufstand in der DDR im Jahr 1953 erinnert.
Am 9. November 1989 wurde die Grenze zwischen den beiden deutschen Staaten geöffnet. Am 3. Oktober 1990 trat die DDR der Bundesrepublik bei. Seitdem ist dieser Tag der deutsche Nationalfeiertag. Wir gedenken der Wiedervereinigung der beiden deutschen Staaten.

ÜBERALL WIRD GEFEIERT

Schulen und Geschäfte bleiben am 3. Oktober geschlossen. Überall wird der Tag mit Bürgerfesten gefeiert. Die Hauptstädte der Bundesländer richten abwechselnd die zentrale Einheitsfeier aus. Das Brandenburger Tor in Berlin bleibt aber ein besonderer Treffpunkt, denn hier waren in der Nacht vom 9. auf den 10. November 1989 die Menschen aus Ost und West über die Berliner Mauer geklettert. Heute kann man Betonsteine der Mauer im Museum besichtigen.

ANDERE LÄNDER
Viele Länder in Europa feiern ihren Nationalfeiertag mit Gästen aus ihren Nachbarländern

In Österreich erinnert der 26. Oktober an die Verabschiedung des Neutralitätsgesetzes im Jahr 1955. Die Schweiz feiert den 1. August als »Tag des Ewigen Paktes von 1291«, der Entstehung der Eidgenossenschaft.
Die Länder des Vereinigten Königreichs von England haben ihre verschiedenen Nationalfeiertage behalten: Wales feiert den heiligen David am 1. März. Schottland begeht am 30. November den Tag seines Schutzpatrons Andreas. Am 17. März feiern die Iren den Tag des heiligen Patrick.
Und in England ist der Tag des heiligen Georg (23. April) Nationalfeiertag.

NATIONALFLAGGEN

Die Nationalflagge ist das Ehrenzeichen eines Staates und wird bei nationalen und internationalen feierlichen politischen oder sportlichen Ereignissen gehisst. Ihr Aussehen ist durch ein Gesetz oder in der Verfassung festgelegt.
Die erste Nationalflagge der Welt ist die französische Trikolore. Blau-Weiß-Rot waren die Farben der Französischen Revolution 1789.

Das Lied der Deutschen

NATIONALHYMNEN

Im 18. und 19. Jahrhundert wurden Nationalhymnen zu Ehren von Königen und Kaisern gespielt. In Ländern wie Polen, Frankreich und Amerika entstanden die Hymnen aber auch als Folge von Revolutionen oder Freiheitskämpfen gegen diese Herrscher und waren für die Kämpfer ein Zeichen ihrer Zusammengehörigkeit. Heute repräsentiert die Nationalhymne ein Land bei feierlichen politischen oder sportlichen Anlässen. Die englische Nationalhymne ist die älteste Hymne. 1745 wurde sie zum ersten Mal veröffentlicht, aber wer Text oder Musik verfasst hat, ist nicht mehr bekannt. In Frankreich wurde die *Marseillaise* während der Französischen Revolution 1789 gesungen. Die Schweizer Nationalhymne ist 1841 nach einem Kirchenlied entstanden und seit 1961 offiziell anerkannt. Und im Jahr 1947 wurde die heutige österreichische Nationalhymne für gültig erklärt.

DAS LIED DER DEUTSCHEN

August Heinrich Hoffmann von Fallersleben (1798–1874) schrieb »Das Lied der Deutschen« am 26. August 1841 auf Helgoland. Auf der Schiffsreise dorthin waren die Nationalhymnen von England *(God save our gracious King)* und von Frankreich *(La Marseillaise)* gespielt worden. Es ärgerte ihn, dass es für Deutschland keine gemeinsame Hymne gab.
Die Melodie für seinen Text nahm Fallersleben aus dem »Kaiserquartett« von Joseph Haydn (1732–1809).

DIE DEUTSCHE NATIONALHYMNE

Es dauerte noch achtzig Jahre, bis das »Lied der Deutschen« wirklich anerkannt wurde. Erst die Regierung der Weimarer Republik wählte im August 1922 dieses Lied zur Nationalhymne. Im Zweiten Weltkrieg missbrauchten die Nationalsozialisten den Text der ersten beiden Strophen für ihre Zwecke. Deshalb ist seit August 1991 nur die dritte Strophe des Deutschlandliedes als Nationalhymne festgelegt. Die ehemalige DDR gab ihre Hymne »Auferstanden aus Ruinen« auf.

Die deutsche Nationalhymne

Text: August Heinrich Hoffmann von Fallersleben
Melodie: Joseph Haydn

Erntedankfest

EIN DANK FÜR GUTE ERNTE

Am Sonntag nach dem Tag des heiligen Michael feiert die Kirche das Erntedankfest. Zu allen Zeiten hat es Feste gegeben, mit denen die Menschen für eine gute Ernte, die Grundlage ihres Lebens, danken wollten.

Das christliche Erntedankfest wird mit einem Gottesdienst gefeiert, für den die Kirche besonders geschmückt ist. Ornamente aus Feldfrüchten, Getreide und Obst werden vor den Altar gelegt, auf dem Sträuße aus Kornähren und Blumen stehen. Feldfrüchte und Obst werden gesegnet und nach dem Gottesdienst an Bedürftige verteilt.

BRÄUCHE ZUM ERNTEDANK

Wenn der letzte Erntewagen mit einem geschmückten Erntehahn aus Holz oder einer Erntepuppe eingefahren war, begann das Erntefest. Eine Erntekrone oder ein Erntekranz wurde aus Ährensträußchen gefertigt und hing dann beim Erntedankfest in der Kirche. Der Bauer gab für alle Erntehelfer ein Fest mit Tanz und Musik. Auch der Almabtrieb findet noch heute zum Erntedankfest statt. Die Kühe, die seit April oder Mai auf den Bergweiden grasten, ziehen mit Blumen geschmückt ins Dorf hinunter.

Erntedank

Jetzt ist das Korn in der Scheuer,
es brennt das Kartoffelfeuer!
Obst, Gemüse, vieler Arten,
holen wir aus Feld und Garten.

Erde, Sonne, Wind und Regen,
halfen zu dem Erntesegen.
Wir winden einen Erntekranz
und treffen uns zum Erntetanz.

Christiane Kutik

Wenn im Oktober der Wind so richtig blies, liefen die Kinder früher über Stoppelfelder und abgeerntete Äcker und ließen dabei selbstgemachte Drachen steigen. Wenn euch heute eure großen Geschwister mit ihren Drachen einfach wegrennen, dann versucht es doch mal mit diesem Zwergdrachen für Kleine. Den könnt ihr ganz allein fliegen lassen! Lasst euch nur beim Basteln ein bisschen helfen.

So geht's: Den Drachen wie auf dem Bild ausschneiden. 4–6 Schichten Klebeband zur Verstärkung über die beiden Ecken an den Seiten kleben und jeweils einmal hindurchlochen. Die beiden Trinkhalme an die angegebenen Stellen kleben. 100 cm starken Zwirn durch die Löcher ziehen und verknoten. GENAU in der Mitte eine Schlaufe in die Schnur knoten. Die Drachenschnur durch die Schlaufe ziehen (das Papier darf sich dabei nicht verbiegen!) und gut verknoten. Dem Drachen noch ein Gesicht aufmalen, einen Papierstreifen als Schwanz ankleben und ihn steigen lassen. Aber Vorsicht: Regen oder einen richtigen Sturmwind hält er nicht aus!

MACH MIT: ZWERGDRACHEN

Zutaten: Seidenpapier oder Zeitungspapier (17 x 22 cm), 2 Trinkhalme (3 mm dick, 17 cm lang), 100 cm starker Zwirn (z. B. Polyester), Klebeband, Papierlocher, Schere, Lineal, Buntstifte

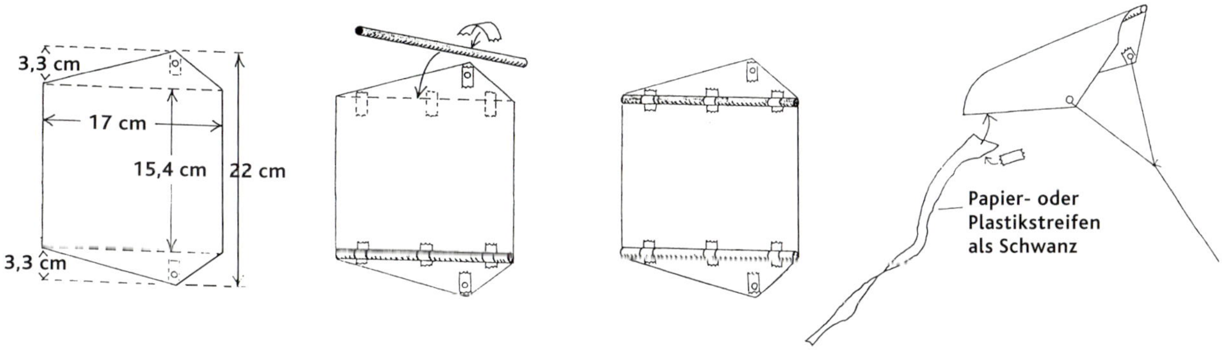

Kartoffelfest

KARTOFFEL
Das deutsche Wort Kartoffel kommt aus dem Italienischen *tartufolo*, eigentlich die Bezeichnung für einen essbaren Trüffelpilz.

Im Deutschen heißt sie Erdapfel, Erdbirne oder Grundbirne. Im Englischen sagt man *potato* zu ihr, *patata* im Spanischen und Italienischen, *pomme de terre* (»Erdapfel«) im Französischen. In Thüringen macht man aus ihr Kartoffelklöße, in Süddeutschland und Österreich gibt es Kartoffelknödel, in Italien Gnocchi. In ganz Europa kennt man die verschiedensten Rezepte, die Kartoffel zuzubereiten. Kaum eine Knolle aus der Erde ist so vielseitig und schmeckt so gut!

EIN GEWÄCHS AUS DEN ANDEN

Eigentlich ist die Kartoffel in Südamerika zu Hause und war ein Grundnahrungsmittel der Inkas. Im 16. Jahrhundert brachten zuerst spanische und dann englische Seefahrer die neuartige Pflanze mit nach Europa. Zunächst wurde sie als Zier- und Heilpflanze in Gärten gezogen. Erst im 18. Jahrhundert wurde sie Handelsware. Unter König Friedrich dem Großen (1712–1786) wurden in Preußen hauptsächlich Kartoffeln angebaut. Er erließ am 4. März 1756 den »Kartoffelbefehl«, der die Bauern zum Anbau der Knolle zwang.
Heute ist die Bundesrepublik der größte Kartoffelproduzent der Europäischen Union. Über 100 Sorten Speisekartoffeln werden in Deutschland angebaut.

KARTOFFELFEUER

Bei der Kartoffelernte im Herbst gab es zwei Wochen Kartoffelferien für die Kinder. Sie halfen beim Ausmachen und Sortieren. In Körben sammelten sie die großen Kartoffeln zum Essen, die mittleren zum Setzen im nächsten Jahr und die kleinen und beschädigten für die Schweine. War die Arbeit getan, gab es ein Fest. Das welke Kartoffelkraut wurde angezündet und die Kartoffeln in der Glut gebraten. Wenn die Schale schwarz war, dann waren sie gar. Wer schon einmal am Kartoffelfeuer gesessen hat, hält diese ersten heißen Kartoffeln im Jahr für die leckersten. In manchen Gegenden brennen noch heute im Herbst die Kartoffelfeuer.

MACH MIT: DIPPEDOTZ

Zutaten: 1,5 kg Kartoffeln, 1 große Zwiebel, 1 Ei, 1 bis 2 Esslöffel Mehl zum Binden, Salz und Muskat, vielleicht auch eine Prise Majoran und Thymian, 200 g durchwachsener Speck, Öl

Früher trug man in der Gegend zwischen Westerwald und Eifel den rheinischen Kartoffelkuchen, auch Dippedotz, Döppekoche oder Duppes (»Topfkuchen«) genannt, zum Bäcker. Der stellte ihn in die letzte Hitze seines großen Ofens und backte ihn rundherum schön braun. Heute backt man ihn im Ofen zu Hause. Am besten gelingt der Dippedotz in einer gusseisernen Form.

So geht's: Kartoffeln und Zwiebel reiben, den Speck in Scheiben schneiden. Alle Zutaten miteinander vermischen und in eine mit Öl gut gefette Eisenform geben. Auch die Oberfläche muss mit Öl begossen werden. Damit der Kartoffelkuchen nicht anbackt, kann man auch zuerst Speckwürfel in die Form geben, leicht anbraten und dann den Teig darauf gießen. In den 200 Grad heißen Backofen schieben und ungefähr 90 Minuten backen, bis er rundherum schön braun ist.

Dazu schmeckt: Apfelkompott aus gewürfelten Apfelstücken, die mit wenig Wasser, Zucker und Zimt ungefähr 10 Minuten gekocht werden.

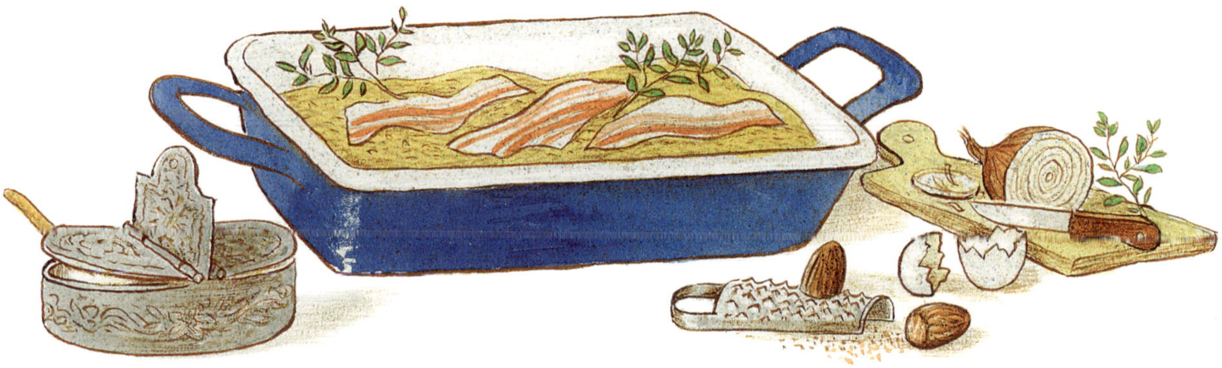

Oktoberfest

EINE KÖNIGLICHE HOCHZEIT

Am 12. Oktober 1810 feierte Kronprinz Ludwig, der spätere König Ludwig I. von Bayern, seine Hochzeit mit Prinzessin Therese von Sachsen-Hildburghausen. Auch die Münchner Bürger wurden zu den Festlichkeiten auf eine Wiese draußen vor der Stadt eingeladen. Noch heute heißt sie zu Ehren der Braut »Theresienwiese«. Zum Abschluss des Festes fand ein Pferderennen als Fest für ganz Bayern statt. Man beschloss dieses Pferderennen jährlich zu wiederholen. So entstand das weltweit berühmte Oktoberfest in München.

1811 schon kam zum Pferderennen die erste Fachausstellung der Landwirtschaft hinzu. Heute findet dieses »Landwirtschaftsfest« alle drei Jahre statt. Das Pferderennen gibt es nicht mehr, dafür wurde ab 1818 das Angebot an Vergnügungen immer größer. Ein Karussell stand auf der Wiese, zwei Schaukeln und Buden, in denen Bier verkauft wurde. 1910 stieg bei der Feier zum hundertjährigen Bestehen des Oktoberfestes ein Luftschiff auf und 1932 gab es das erste Riesenrad. 1959 verzehrten die Besucher insgesamt 11 000 der neuartigen Fleischspießchen, Schaschlik genannt.

EIN INTERNATIONALES FEST

Das Oktoberfest dauert zwei Wochen und endet am 1. Sonntag im Oktober.

Heute ist das Oktoberfest mit über 6 Millionen Besuchern das größte Volksfest der Welt. Sie verzehren über 6 Millionen Liter Bier und 100 Ochsen. Das Fest findet wie vor fast 200 Jahren immer noch auf der Theresienwiese, »der Wies'n« statt. Bis nach New York und Los Angeles kann man schon im Juli und August Werbeplakate für dieses berühmte Münchner Fest sehen.

Sukkot und Simchat Tora

SUKKOT

Ursprünglich ist Sukkot, das Laubhüttenfest, ein bäuerliches Fest und neben Pessach und Schawuot das dritte Erntedankfest in Israel. Es wird zwei Wochen nach Rosch ha-Schana am 15. Tischri (September/Oktober) gefeiert und dauert sieben Tage. Die Juden erinnern sich daran, wie sie nach dem Auszug aus Ägypten mit dem Schutz Gottes vierzig Jahre lang durch die Wüste wanderten, bis sie ins Gelobte Land kamen. Jeden der sieben Tage feiert man sehr fröhlich mit gutem Essen und Trinken in der Familie oder mit Freunden.

DIE LAUBHÜTTE

(hebräisch sukka = Laubhütte)

Während der vierzigjährigen Wanderung konnten die Israeliten nicht in festen Häusern wohnen, sondern bauten Hütten aus Palmzweigen. Deshalb ist ein Symbol des Festes heute noch die *sukka*. Sie wird aus Brettern, Ästen, Laub und Tüchern errichtet und mit Blumen und Früchten geschmückt. Das Dach aus Ästen und Laub soll Schatten bieten, aber man soll bei Nacht auch die Sterne sehen können. Oft steht die *sukka* im Garten oder auf dem Balkon, aber es werden auch Gemeinschaftshütten aufgestellt, in denen man viel Zeit während des Festes verbringt.

DER FESTSTRAUSS Das zweite Symbol des Sukkot ist ein Strauß aus den Zweigen von Dattelpalmen, Myrten und Bachweiden. Wie im 3. Buch Mose vorgeschrieben, tragen die Gläubigen diesen Strauß in der rechten Hand und in der linken einen Paradiesapfel (Zitrusfrucht), wenn sie an den sieben Tagen des Festes in die Synagoge gehen. Hier wird der Strauß an allen sieben Tagen in die vier Himmelsrichtungen, nach oben zum Himmel und nach unten zur Erde geschwungen zum Zeichen dafür, dass Gott überall ist.

IN DER SYNAGOGE Bei den Gottesdiensten in der Synagoge herrscht eine fröhliche Stimmung. Besonders am siebten Tag ziehen die Gläubigen sieben Mal in einer Prozession durch die Synagoge und loben dabei Gott mit lautem Gesang. Am Tag nach dem Sukkot-Fest findet der *Schemini Azeret (hebräisch = Schlussfest)* statt. Er ist ein zusätzlicher Tag für Gott, an dem auch der Toten gedacht wird.

SIMCHAT TORA Simchat Tora, das Fest der »Torafreude« wird seit dem frühen Mittelalter am Tag nach Sukkot gefeiert. Die Torarollen mit dem Gesetz Gottes, den fünf Büchern Mose, werden besonders geschmückt. Bei den wöchentlichen Lesungen aus der Tora ist man an diesem Tag beim letzten Kapitel angekommen, das mehrfach vorgelesen wird. Weil aber nach jüdischem Glauben niemand die Tora aufgeben soll, wenn sie zu Ende gelesen wurde, fängt man noch am gleichen Tag mit dem ersten Kapitel des 1. Buches Mose wieder an. Unter lautem Jubel, mit Singen, Tanzen und Klatschen werden die Torarollen dann in einer fröhlichen Prozession sieben Mal durch die Synagoge getragen.

Ramadan und die Nacht der Bestimmung

Der Ramadan ist der neunte Monat im islamischen Kalender. Im Koran, dem heiligen Buch des Islam, ist genau festgelegt, wie er als Fastenmonat begangen werden muss. Sobald man am Morgen einen schwarzen von einem weißen Faden unterscheiden kann, darf bis zur Vollendung des Sonnenuntergangs nichts mehr gegessen und getrunken werden. Besonders wenn der Ramadan in den Sommer fällt, ist dieses Fastengebot für Moslems in europäischen Ländern schwierig, weil die Tage länger sind. Erst wenn die Sonne völlig gesunken ist, darf man einen Schluck Wasser trinken und Früchte essen und das Abendgebet verrichten. Dann erst wird das *iftar* (Fastenbrechen) gefeiert, was immer ein fröhliches Essen mit Familie und Freunden bedeutet.

»WILLKOMMEN SEI DER MONAT DES GUTEN«
Der Ramadan gehört zu den fünf »Säulen des Islam«: Glaubensbekenntnis, fünfmaliges tägliches Gebet, Almosenspende, Fasten im Monat Ramadan und Wallfahrt nach Mekka.

Kinder dürfen das Fasten mitmachen, müssen es aber nicht. Für sie gibt es seit einigen Jahren in Deutschland einen »Ramadankalender«. Als er erfunden wurde, fiel der Monat fast genau mit dem Dezember zusammen. Damit die Kinder auch so etwas wie einen Adventskalender hatten, konnten sie hinter den dreißig Türchen des Ramadankalenders Schokolade finden, aber auch Geschichten, Spiele und Rätsel.

INNERE REINIGUNG
Im islamischen Jahr 1427 beginnt der Ramadan voraussichtlich am 24. September 2006.

Die christliche Fastenzeit ist ursprünglich als eine Zeit gedacht, in der man sich auf seine Sünden besinnt und Buße tut, damit nach den vierzig Tagen der Reinigung ein Neubeginn möglich ist. Auch Jom Kippur, das höchste jüdische Fest der Versöhnung, wird mit Fasten begangen, um eine Versöhnung mit Gott und mit den Menschen zu ermöglichen. Gläubige Muslime fasten 30 Tage im Monat Ramadan und verzichten auf jeden Luxus und Genuss aus dem gleichen Grund: Ramadan ist der Monat der Versöhnung, der religiösen Erneuerung und Besinnung. Deshalb wird Ramadan der »König der Monate« genannt. Moscheen und Minarette werden mit einer kunstvollen Beleuchtung geschmückt. Die Fastenzeit endet nach 30 Tagen, wenn die erste Mondsichel des folgenden Monats Schawwal gesichtet worden ist.

LAILAT AL-QADR – »NACHT DER BESTIMMUNG«
(arabisch sure = Reihe)

Nach muslimischer Überlieferung wurde am 27. Tag des Ramadan dem Propheten Mohammed die göttliche Offenbarung des Koran zuteil. In 114 Suren, den Kapiteln dieses heiligen Buches, sind die islamischen Glaubensüberzeugungen festgelegt. Die »Nacht der Bestimmung« ist die heiligste Nacht im islamischen Jahr. Viele gläubige Männer feiern diese Nacht in der Moschee mit Gebeten und Lesungen aus dem Koran, Frauen ziehen sich dazu ins Haus zurück.

31. Oktober: Reformationstag

DER REFORMATOR
Luther wollte die Kritik an der Kirche beenden und hat dabei das abendländische Christentum verändert.

Martin Luther wurde am 10. November 1483 in Eisleben geboren und starb dort am 18. Februar 1546. Er war Mönch und Doktor der Theologie und übersetzte die Bibel in die deutsche Sprache, damit auch das Volk sie verstand. Die katholische Kirche ächtete ihn für seine Ansichten, denn er predigte unter anderem gegen Ablässe. Mit diesen Schriftstücken konnte man die Vergebung der Sündenstrafen kaufen. Martin Luther war empört über solche Geldgeschäfte der Kirche.

Am 31. Oktober 1517 soll Martin Luther 95 Thesen (Leitsätze) an die Tür der Schlosskirche zu Wittenberg genagelt haben. Ob die Legende stimmt, ist ungewiss. Sicher ist, dass er Briefe an seine Vorgesetzten schrieb, in denen er sich unter anderem über den Ablasshandel beschwerte und die Missstände in der Kirche im Allgemeinen verurteilte. Den Briefen legte er seine 95 Thesen bei, die als Grundlage für eine Diskussion über das Thema gedacht waren. Als Folge davon wurde er aus der Kirche ausgestoßen.

DIE 95 THESEN LUTHERS

Es ging ihm in seinen Thesen vor allem darum, allein Gottes Wort, wie es in der Bibel steht, als Grundlage für alle Äußerungen und Bräuche der Kirche zu nehmen. Damit jeder Gottes Wort verstehen konnte, übersetzte er das Neue Testament in die deutsche Sprache. Er löste die Reformation aus, die Bewegung zur Erneuerung der christlichen Kirche. Neue kirchliche Gemeinschaften und eine neue religiöse Haltung, der Protestantismus, gingen daraus hervor.
Am Reformationstag, dem einzigen ursprünglich evangelischen Fest, erinnern sich die evangelischen Christen an den Thesenanschlag zu Wittenberg. Das Fest wird seit dem 31. Oktober 1667, dem 150. Jahrestag der Thesen, gefeiert.

31. Oktober: Halloween

WAS IST EIGENTLICH HALLOWEEN?
Halloween stammt von All Hallow's Even (Aller Heiligen Abend) und bezeichnet seit dem 9. Jahrhundert den Abend vor Allerheiligen.

Eigentlich ist es ein altes keltisches Fest. Am 1. November feierten die Kelten in Britannien, Irland und Nordfrankreich den Neujahrstag, an dem sie auch der Toten gedachten. Sie glaubten, dass in der Nacht vor dem Neujahrstag der Herr des Todes die bösen Seelen zu sich rief und sie dazu verdammte, Tiergestalt anzunehmen. Große Feuer werden heute noch in Schottland und Wales entzündet, um die Geister zu vertreiben. Als die Römer 55 v. Chr. nach Britannien kamen, feierten sie an diesem Tag auch das Erntefest zu Ehren Pomonas, ihrer Göttin der Baumfrüchte.

»TRICK OR TREAT«
Wenn jemand nichts gibt, wird ihm ein Streich gespielt!

Später glaubte man, dass Geister und Kobolde, Hexen und Dämonen am Halloween-Abend ihr Unwesen trieben. Der Brauch kam auf, sich zu verkleiden, um die Geister zu verschrecken und nicht von ihnen erkannt zu werden. Besonders die Kinder zogen von Haus zu Haus und riefen: *»Trick or treat!«* (»Streich oder Süßigkeiten«).

JACK O' LANTERN

Aus Irland kommt der Brauch, Rüben oder Kartoffeln auszuhöhlen, mit Gesichtern zu verzieren und mit Kerzen zu beleuchten. Sie heißen Jack o'Lantern nach dieser alten Sage:
Jack war eigentlich ein übler Bursche. Er trank und betrog und forderte sogar den Teufel heraus. Er überredete ihn nämlich auf einen Baum zu klettern. Als der Teufel auf dem Baum saß, ritzte Jack ein Kreuz in den Stamm und der Teufel konnte nicht mehr herunter. Als Jack starb, durfte er wegen seiner bösen Taten nicht in den Himmel, aber auch die Hölle wollte ihn nicht, denn er hatte ja den Teufel betrogen. Der Teufel gab ihm allerdings ein Stück glühende Kohle, damit Jack nicht auf ewig durch die Finsternis wandern musste. Die Kohle steckte in einer ausgehöhlten Rübe.

ZURÜCK NACH EUROPA

Die im 19. Jahrhundert nach Amerika ausgewanderten Iren nahmen diesen Brauch mit. Da es aber in Amerika mehr Kürbisse als Rüben gab, höhlten sie Kürbisse aus. Gegen Ende des 20. Jahrhunderts kam der Brauch zurück nach Westeuropa, unter anderem wie beim Valentinstag auch wieder wegen der *Peanuts* von Charles M. Schulz. Heute gibt es fast überall Halloween-Partys, Gespensterpost und Grusel-Rezepte. Und wenn Gespenster, Hexen und Zauberer mit grimmigen Kürbislaternen durch die Straßen ziehen, dann sollte man besser Süßigkeiten haben ...!

DIE GRÖSSTE BEERE DER WELT

Kürbisse sind gesund – sie enthalten reichlich Wasser, Ballaststoffe und Vitamine.

Kolumbus brachte nach seiner Entdeckung Amerikas 1492 den Kürbis nach Europa. Man hielt ihn erst für eine Gemüsepflanze, bis man herausfand, dass er eigentlich zu den Beerenfrüchten gehört. Ein großer Kürbis kann 100 kg schwer werden und ist damit die größte Beere der Welt! Es gibt 800 verschiedene Arten Kürbisgewächse, zu denen auch Gurken, Zucchini und Melonen gehören.

MACH MIT: SPUK-DUKATEN

Zutaten: 500 g Kartoffeln, 500 g Kürbis, 2 Eier, Prise Salz, 30 g Mehl, 125 ml Öl.

Das Essen für Halloween-Partys muss möglichst schaurig aussehen. Man kann aus verschiedenfarbigen Spagetti und Soße köstliche »Würmer mit Schleim« herstellen. Oder aus kleinen Pizzas mit Gemüse und Käse »Gruselgesichter« machen. Wenn ihr einen Jack-o'-Lantern-Kürbis ausgehöhlt habt, bleibt genug übrig für die leckeren Spuk-Dukaten.

So geht's: Kartoffeln schälen und waschen und vom Kürbisfleisch die Kerne entfernen. Kartoffeln und Kürbis reiben und mit Eiern, Mehl und Salz gut verrühren. Öl in einer Pfanne erhitzen und für einen Dukaten einen Esslöffel Teig von beiden Seiten knusprig braun backen.

Rübenkraut, Pflaumenmus oder Apfelkraut schmecken gut dazu.

Winterzeit

Am letzten Wochenende im Oktober wird die Uhr in der Nacht von Samstag auf Sonntag um eine Stunde von 3.00 Uhr auf 2.00 Uhr zurückgestellt. Dieser Sonntag hat also 25 Stunden. Der Beginn der Winterzeit gibt uns die Stunde zurück, die uns die Sommerzeit im März gestohlen hatte!

DIE STUNDENBLUME IST ZURÜCK!

Die letzten Trauben für die Spätlese sind geerntet, die Winzerfeste sind vorbei, Walnüsse, Eicheln und Kastanien sind schon fast alle von den Bäumen gefallen. Viele Tiere halten bereits Winterschlaf oder sammeln noch die letzten Vorräte. Es wird abends früher dunkel und morgens später hell. Der November kommt.

JETZT KANN ES WINTER WERDEN

Nach alter römischer Zählung war er der neunte (lateinisch *novem*) Monat im Jahr. Heute ist er unser elfter Monat.

NAMEN FÜR DEN NOVEMBER

Nebelmond, Nebeling, Windmond oder Wintermond hieß dieser Monat und wegen der Feste Allerheiligen und Allerseelen auch Totenmonat. Schlachtmonat wurde er genannt, weil die Bauern mit Hausschlachtungen und Schlachtfesten begannen.

Wenn im November die Sternlein leuchten,
lässt dies auf baldige Kälte deuten.

Ist es an Martini trüb,
ist der Winter auch nicht lieb.

Viel Regen im November,
viel Wind im Dezember.

DIE NATUR IM NOVEMBER

Im November ist es morgens oft schon so nebelig, dass sich jeder am liebsten wieder im Bett verkriechen würde. Der Herbst tobt sich mit Wind, Regen und den ersten Schneeschauern so richtig aus. Bei starken Herbststürmen fallen die letzten Walnüsse und Eicheln von den Bäumen. Krähen, Eichelhäher, Eichhörnchen und Mäuse holen sie sich noch schnell für ihren Wintervorrat.
Die letzten Zugvögel wie der Hausrotschwanz ziehen in den Süden, Marienkäfer verkriechen sich auf Dachböden und die Wespenköniginnen suchen ein Winterversteck. Nur die Hummeln, die im Frühjahr schon zeitig zu sehen sind, halten es oft noch bis zum Ende des Monats aus.

1. November: Allerheiligen

EIN FEST FÜR ALLE HEILIGEN
Während der Christenverfolgungen waren so viele Märtyrer gestorben, dass man keinen dieser Heiligen vergessen wollte.

In der Ostkirche gab es schon im 4. Jahrhundert ein Allerheiligenfest am Sonntag nach Pfingsten. Am 13. Mai 609 ordnete Papst Bonifatius IV. an, jedes Jahr am Freitag nach Ostern ein Allerheiligenfest zu feiern. Papst Gregor IV. verlegte im Jahr 839 dieses Fest auf den 1. November. Er wollte es zum »Ostern des Herbstes« machen, denn nach der Ernte im Herbst waren die Pilgerscharen besser zu verpflegen. Seither wird Allerheiligen am 1. November gefeiert.

WER IST EIN HEILIGER?

Für die katholischen Christen waren Heilige alle diejenigen, die um ihres Glaubens willen hingerichtet worden waren. Später gehörten auch die Bekenner dazu, die durch ihr christliches Leben ein Zeichen gesetzt hatten. Seit dem 10. Jahrhundert werden sie durch den Papst heilig gesprochen.

ABERGLAUBEN

Früher glaubte man, dass die Seelen der Toten ab dem Mittagsläuten das Fegefeuer, den Ort ihrer Reinigung, für 24 Stunden verlassen konnten. Man stellte Brot und Wein auf ihre Gräber und zündete Lichter an. Gleichzeitig fürchtete man sich vor den Toten, denn man glaubte, dass sie in der Nacht nach Allerheiligen ihre alten Wohnstätten besuchten. Deshalb blieb oft das Herdfeuer an und man ließ die Reste des Abendessens auf dem Tisch stehen.

ALLERHEILIGENBRÄUCHE
In Österreich und Süddeutschland werden Allerheiligen-Striezel gebacken.

Die Gräber der Toten werden geschmückt, manchmal sogar mit Teppichen aus Herbstblumen und Früchten. Das »Seelenlicht« brennt als Symbol für das »ewige Licht« bis zum nächsten Tag, dem Allerseelentag. Nach einer Andacht geht man in einer feierlichen Prozession durch die Gräberreihen und betet gemeinsam für die Seelen der Toten.

2. November: Allerseelen

SORGE UM DIE SEELEN DER TOTEN

Seit jeher gedenken die Menschen ihrer Toten. Im alten Ägypten glaubte man, dass das Aussprechen ihres Namens sie im Jenseits weiterleben ließ. In der griechischen Antike legte man den Toten eine Münze auf die Zunge, damit sie auch den Fährmann Charon bezahlen konnten, der sie über den Fluss der Unterwelt ins Totenreich übersetzte. Und im alten Rom wurde am Ende des Jahres ein Sühne- und Reinigungsfest für die Lebenden und Toten gefeiert.

ALLERSEELENTAG

Abt Odilo von Cluny legte im Jahr 998 den 2. November als Allerseelentag fest, an dem man der Seelen der Toten im Fegefeuer gedenken sollte. Mit Messfeiern und Gebeten konnten die Lebenden ihnen helfen in das himmlische Paradies aufgenommen zu werden. Für die Familie entwickelte sich daraus ein wichtiger Tag für ihren Zusammenhalt. Sie traf sich und gedachte gemeinsam ihrer Vorfahren an deren Gräbern.

BRÄUCHE AM ALLERSEELENTAG

In früheren Jahrhunderten endete am Allerseelentag auch das Wirtschaftsjahr. Das neue Wirtschaftsjahr begann am 11. November, dem Tag des heiligen Martin.

In vielen Gegenden wurde besonderes Allerseelenbrot gebacken und an Bedürftige und Waisenkinder verteilt. Seelenkuchen waren kleine runde Mürbeteigkekse mit Rosinenaugen und kandierten Kirschen als Münder. Der Seelenzopf, ein Hefezopf mit Rosinen, wurde – ähnlich wie der Allerheiligenstriezel – in Bayern an die Patenkinder verschenkt. Die Allerseelenbrötchen hatten einen besonderen Zweck: So viele Brötchen man aß, so viele Seelen wurden aus dem Fegefeuer gerettet. Ähnliches gilt für den Hirsebrei, der an der Mosel am Abend vor Allerseelen gegessen wurde: Jedes Hirsekorn bedeutete eine aus dem Fegefeuer befreite Seele.
An manchen Orten gingen die Kinder von Haus zu Haus und bekamen Äpfel, Getreide, Mehl oder Schmalz geschenkt. Oder sie fanden auf den Gräbern Münzen, für die sie sich »Seelenbirnen« oder Gebäck kaufen konnten.

November

Solchen Monat muss man loben:
Keiner kann wie dieser toben,
Keiner so verdrießlich sein
Und so ohne Sonnenschein!
Keiner so in Wolken maulen,
Keiner so mit Sturmwind graulen!
Und wie nass er alles macht!
Ja, es ist die wahre Pracht.

Seht das schöne Schlackerwetter!
Und die armen welken Blätter,
Wie sie tanzen in dem Wind
Und so ganz verloren sind!
Wie der Sturm sie jagt und zwirbelt
Und sie durcheinander wirbelt
Und sie hetzt ohn' Unterlass:
Ja, das ist Novemberspaß!

Und die Scheiben, wie sie rinnen!
Und die Wolken, wie sie spinnen
Ihren feuchten Himmelstau
Ur und ewig, trüb und grau!
Auf dem Dach die Regentropfen:
Wie sie pochen, wie sie klopfen!
Und an jeder Traufe hängt
Trän' an Träne dicht gedrängt.

Oh, wie ist der Mann zu loben,
Der solch unvernünft'ges Toben
Schon im Voraus hat bedacht
Und die Häuser hohl gemacht!
So dass wir im Trocknen hausen
Und mit stillvergnügtem Grausen
Und in wohlgeborgner Ruh
Solchem Gräuel schauen zu!

Heinrich Seidel

Manchmal tobt das Wetter im November nicht ganz so fürchterlich, aber es regnet unaufhörlich. Das muss gar nicht langweilig sein, denn ihr könnt jetzt eine ganz besondere Art von Bildern malen.

So geht's: Malt ein paar bunte Kleckse mit Wasserfarbe auf Papier oder Pappe. Dann zieht euch warm und wasserdicht an und haltet euer Bild in den Regen. Wo die Regentropfen auf die Wasserfarbe treffen, verwischen die Farben. Das kann die witzigsten Formen geben. Wenn der Regen an einigen Stellen nicht »malen« soll, dann reibt diese Stellen dünn mit einem weißen Wachsmalstift ein. Daran perlt der Regen ab. Das fertige Bild müsst ihr noch trocknen lassen, bevor ihr es einrahmen oder verschenken könnt.

MACH MIT: REGENKUNST

Zutaten: Papier oder Pappe, Wasserfarben, ein weißer Wachsmalstift

3. November: Tag des heiligen Hubertus

Hubertus (655–727) soll der Sohn des Herzogs von Toulouse gewesen sein. Als seine Frau bei der Geburt eines Sohnes starb, zog sich Hubertus aus all seinen weltlichen Ämtern zurück. Er lebte sieben Jahre als Einsiedler in den Ardennen. Dann ließ er sich zum Priester weihen und bekehrte die Menschen in Brabant und in den Ardennen zum Christentum.

Im Jahr 743 wurde er heilig gesprochen. St. Hubert in den Ardennen, wo seine Gebeine ruhten, wurde zu einem wichtigen Wallfahrtsort und Hubertus selbst zum Patron der Jäger. Im 15. Jahrhundert berichtete eine Legende, dass Hubertus während seiner Zeit als Einsiedler ein Hirsch mit einem Kreuz zwischen dem Geweih erschienen sei, was ihn zum Christentum bekehrte. Er soll auch in der Lage gewesen sein Menschen zu heilen, die ein tollwütiges Tier gebissen hatte.

EINSIEDLER UND BISCHOF

Hubertus war Bischof von Maastricht und Lüttich und wurde der »Apostel der Ardennen«.

HUBERTUS-BRAUCHTUM Am Hubertustag wird Brot geweiht, denn man glaubte, dass es vor den Bissen tollwütiger Tiere schützte. In Belgien sind diese Brote zu Ehren des Heiligen mit einem Jagdhorn verziert. Im Rheinland gab man früher den Haustieren kleine Hubertus-Brötchen, die die Tiere gesund erhalten sollten.

DIE JAGD Seit dem Mittelalter beginnt im Herbst ab Oktober traditionell die Jagdsaison. Früher war die Jagd den adeligen Besitzern der Wälder und Felder vorbehalten. Sie entwickelte sich zu einer Art Sport und drohte sogar die jagdbaren Tiere auszurotten. Gleichzeitig war besonders früher die Jagd notwendig, damit man auch im Winter frisches Fleisch zu essen hatte. Die Kirche erinnerte die Adeligen mit dem Hubertustag daran, dass sie den Tieren mit Respekt gegenübertraten und die Jagd nicht nur als Vergnügen auffassten.

HUBERTUSJAGD In der Zeit um den Gedenktag finden noch heute die Hubertusjagden statt. Früh am Morgen rufen Jagdhörner die Jäger zusammen. Die erfolgreiche Jagd wird mit Jagdfesten und Jägerbällen gefeiert.

11. November: Tag des heiligen Martin

Martin (316–397) wurde mit 18 Jahren Christ, verließ die römische Armee und war zunächst Missionar und Einsiedler. Gegen seinen Willen wurde er im Jahr 371 zum Bischof von Tours gewählt. Am 8. November 397 starb er mit 81 Jahren und wurde am 11. November unter großer Anteilnahme in Tours begraben. Er ist Patron von Frankreich, des Kantons Schwyz und des Burgenlandes, der Reiter, Soldaten, Weber, Schneider, Gastwirte und Reisenden, der Bettler und Armen.

MARTIN VON TOURS
Er ist der erste Heilige, der kein Märtyrer war.

Als Martin mitten im Winter am Stadttor von Amiens auf einen frierenden Bettler traf, soll er ohne zu zögern seinen Mantel mit dem Schwert geteilt und dem Bettler die Hälfte gegeben haben. Nachts erschien ihm Christus im Traum. Er trug den halben Mantel, denn er hatte Martins Nächstenliebe prüfen wollen. Schon seit dem Mittelalter wird er auf einem Pferd dargestellt, wie er mit einem Bettler seinen Mantel teilt.

DIE LEGENDE DER MANTELTEILUNG

Der Mantel des heiligen Martin wurde im Frankenreich als Reliquie verehrt und auf allen Kriegszügen mitgeführt. Unter Karl dem Großen (747–814) hatte er seinen Platz in einem dem Gottesdienst geweihten Nebenraum der Palastkirche. Mantel heißt auf Lateinisch *cappa* und so nannte man den Raum »Kapelle« und den Geistlichen dieser Hofkapelle »Kapellan« (Kaplan).

DER MARTINSMANTEL
Heute wird der Mantel in Paris aufbewahrt.

DIE MARTINSGANS

Gänse waren früher ein regelrechtes Zahlungsmittel.

Weil Martin seiner Bischofswahl entgehen wollte, soll er sich in einem Gänsestall versteckt haben. Die schnatternden Gänse verrieten ihn jedoch. Eine andere Legende erzählt, Gänse hätten Martin durch ihr Geschnatter bei einer Predigt gestört. Sie wurden gefangen und zu einer Mahlzeit verarbeitet. Heute eine Martinsgans zu essen hängt aber wohl auch damit zusammen, dass die Bauern im Mittelalter am Martinstag ihre Abgaben leisteten. Sie brachten Korn und andere Naturprodukte zur Burg ihres adeligen Herrn.

MARTINIMÄRKTE

Knechte und Mägde bekamen ihren Lohn und konnten den Dienstherrn wechseln.

Nicht nur im Mittelalter war der Tag des heiligen Martin ein wichtiger wirtschaftlicher Termin. Das neue Wirtschaftsjahr der Bauern begann am 11. November. Die Ernte war eingefahren, das Vieh stand wieder in den Ställen, die Felder waren für das nächste Jahr vorbereitet. Die Landwirtschaft ruhte bis zum Frühjahr. Rechtliche Abmachungen wie Pachten und Zinsen wurden gezahlt. Noch heute gilt Martini auf dem Land als Termin für fällige Landpachten.

SCHLACHTFEST

Der Martinstag war auch der Beginn der Schlachtzeit, die bis in den Dezember hinein dauerte. Man schlachtete das Vieh, das man aus Kostengründen nicht den ganzen Winter über füttern konnte. In jeder Region gibt es besondere Speisen an solchen Schlachttagen: Blut- und Leberwürste, Wurstbrühe, frische Bratwürste, Speck mit Sauerkraut und vieles mehr. Aber wegen der Legenden um den heiligen Martin isst man an seinem Tag eine golden gebratene Gans.

Wie an vielen anderen Festen auch wurden Gebildbrote gebacken: Martinshörnchen aus Hefeteig sahen wie Hufeisen aus, Martinsküchlein aus Schmalzteig bekam das Gesinde oder die Kinder. Im Rheinland gibt es den »Mätesmann«, eine Figur aus süßem Hefeteig mit einer weißen Tonpfeife im Arm. Früher war es der gebogene Hirtenstab des Bischofs. Mit der Zeit drehte man ihn um und er wurde zu einer Pfeife.

MARTINSBRÄUCHE

(rheinisch Mätesmann = Martinsmann, Weckmann)

Am Martinstag, am 11.11. um 11.11 Uhr erwacht der Karneval, die Fastnacht oder der Hoppeditz. Früher begann zu Martin eine vierzigtägige Fastenzeit, die am Weihnachtstag endete. Man feierte keinen Karneval, aber es gab Lichterumgänge mit Fackeln oder ausgehöhlten Rüben, später auch mit Papierlaternen. Schließlich wurden diese Lichterumgänge mit dem Martinsfest verbunden. 1886 ritt in Düsseldorf erstmals ein verkleideter Sankt Martin an der Spitze eines Lichterzuges. Heute werden in vielen Gegenden Martinszüge mit Blaskapellen, Laternen und der Darstellung der Mantelteilung durchgeführt. Im Rheinland gehen die Kinder danach noch »gripschen«: Für ein Martinslied gibt es Obst und Süßigkeiten. Wer nichts gibt, der wird lautstark als »Gitzhals« (Geizhals) verschrien.

MARTINSUMZÜGE

Schon im 16. Jahrhundert zogen die Kinder von Neuss am Rhein mit Fackeln durch die Stadt und sangen dabei Martinslieder.

(rheinisch gripschen = greifen, zufassen)

Gripschlied aus dem Rheinland

Hier wohnt ein reicher Mann,
der uns vieles geben kann.
Vieles soll er geben,
lange soll er leben,
selig soll er sterben,
das Himmelreich erwerben.
Lasst uns nicht so lange stehn,
denn wir müssen weiter gehn.

Sankt Martin

Text und Melodie: vom Niederrhein

2. Im Schnee saß, im Schnee saß,
im Schnee da saß ein armer Mann,
hat Kleider nicht, hat Lumpen an.
»Oh helft mir doch in meiner Not,
sonst ist der bittre Frost mein Tod.«

3. Sankt Martin, Sankt Martin,
Sankt Martin zog die Zügel an,
das Ross stand still beim armen Mann.
Sankt Martin mit dem Schwerte teilt
den warmen Mantel unverweilt.

4. Sankt Martin, Sankt Martin,
Sankt Martin gab den halben still,
der Bettler rasch ihm danken will.
Sankt Martin aber ritt in Eil
hinweg mit seinem Mantelteil.

Fest des Fastenbrechens

Wenn die erste Mondsichel des Monats Schawwal gesichtet ist, beginnt ein großes Fest. Der Fastenmonat Ramadan ist zu Ende. Für muslimische Kinder ist es genauso wie Weihnachten oder Ostern für christliche Kinder. Das »Fest des Fastenbrechens« oder türkisch *Seker Bayrami* (»Zuckerfest«) dauert drei Tage und ist neben dem Opferfest eines der beiden Hauptfeste im muslimischen Kalender.

DAS ENDE DES RAMADAN

Fromme Muslime verrichten in der Moschee oder auf einem Gebetsplatz das erste Morgengebet und nehmen die große Waschung vor. Zuvor ziehen sie sich ihre besten oder neue Kleider an und geben Almosen an die Armen. Die Almosenspende gehört zu den fünf »Säulen des Islam«. Man glaubt, solange man nichts gespendet hat, bleibt der Lohn für das Fasten – die Vergebung der Sünden – zwischen Himmel und Erde hängen. Gebet und Predigt in der Moschee werden von den Gläubigen mit dem Ruf *»Allahu akbar«* beendet.

FASTENBRECHEN

(arabisch Allahu akbar = Gott ist größer [als alles])

In jedem muslimischen Land gibt es traditionelle Speisen für das Fest des Fastenbrechens. In Indien kocht man eine Art Fadennudeln in Milch oder Sirup und würzt sie mit Rosenwasser und anderen köstlichen Dingen. Die Speisen müssen auf jeden Fall süß sein. Daher heißt das Fest in der Türkei auch Zuckerfest. Hier isst man Baklava, einen süßen Kuchen.

DAS FESTESSEN
Die Kinder freuen sich auch auf Zuckerwatte und bekommen manchmal sogar kleine Geschenke.

In den deutschsprachigen Ländern können sich die Schüler vom Unterricht freistellen lassen, damit sie eins der höchsten Feste ihrer Religion auch richtig begehen können. In Kindergärten und Grundschulen ist es inzwischen üblich, das Zuckerfest zusammen zu feiern. So lernen die christlichen Kinder den Ramadan und das Fest des Fastenbrechens genauso kennen, wie die muslimischen Kinder hier bei uns Weihnachten oder Ostern miterleben.

ZUSAMMEN FEIERN!
Im islamischen Jahr 1427 wird das Fest voraussichtlich am 25. Oktober 2006 gefeiert.

Volkstrauertag

EIN VOLK TRAUERT
Der Volkstrauertag ist ein Gedenktag für die Gefallenen der beiden Weltkriege und für die Opfer von Gewaltherrschaft.

1918 war der Erste Weltkrieg zu Ende. Er kostete die beteiligten Nationen über 9 Millionen Tote und 21 Millionen Verwundete. Der 1919 gegründete Verband der Deutschen Kriegsgräberfürsorge schlug die Einführung eines Trauertages für die Opfer des Krieges vor. 1922 fand die erste Feierstunde im Reichstag statt. Ab 1926 war der zweite Sonntag in der christlichen Fastenzeit der Volkstrauertag.
1934 bestimmte ein Gesetz des nationalsozialistischen Deutschland den Tag zum »Heldengedenktag«. Es ging nun nicht mehr darum, um die Gefallenen zu trauern, sondern die »gefallenen Helden zu verherrlichen«. Erst 1950 wurde der Tag wieder in seinem ursprünglichen Sinn gefeiert. Um ihn deutlich vom »Heldengedenktag« abzugrenzen, findet er seitdem am vorletzten Sonntag vor dem 1. Advent statt.

EIN TAG DER MAHNUNG

Heute ist der Tag auch ein Tag der Mahnung zu Versöhnung, Verständigung und Frieden. Die Neue Wache in Berlin wurde 1993 als »Zentrale Gedenkstätte der Bundesrepublik Deutschland« eingeweiht. Seitdem werden hier jedes Jahr am Volkstrauertag durch den Bundespräsidenten und andere Politiker Kränze niedergelegt. Die zentrale Gedenkfeier findet im Plenarsaal des Deutschen Bundestages statt.

Bitten der Kinder

Die Häuser sollen nicht brennen
Bomber sollt man nicht kennen
Die Nacht soll für den Schlaf sein
Leben soll keine Straf sein
Die Mütter sollen nicht weinen

Keiner sollt töten einen
Alle sollen was bauen
Dann kann man allen trauen
Die Jungen sollen's erreichen
Die Alten desgleichen

Bertolt Brecht

Buß- und Bettag

Dieser Tag ist ein evangelischer Feiertag der Besinnung und des Gebetes um Vergebung der Sünden. Ursprünglich wurde ein solcher Tag vom Staat eingeführt. Der erste Buß- und Bettag fand 1532 in Straßburg statt und war eine Reaktion auf die Kriege gegen das islamische Reich der osmanischen Türken. Sie wurden erst 1699 mit dem »Großen Türkenkrieg« beendet. 1848 gab es insgesamt 24 verschiedene Termine für Bußtage im Jahr. Der heutige einzige Buß- und Bettag wurde 1934 von der Evangelischen Kirche eingeführt. Im Jahr 1995 wurde der Buß- und Bettag abgeschafft und ist seitdem nur noch in Sachsen ein Feiertag.

EIN TAG DER BESINNUNG
In der Schweiz wird der »Eidgenössische Dank-, Buß- und Bettag« seit 1832 am dritten Sonntag im September gefeiert.

In den Gottesdiensten an diesem Tag bekennen die Gläubigen bei der gemeinsamen Beichte ihre Schuld und bitten Gott dafür um Vergebung. Diese wird ihnen vom Pfarrer oder der Pfarrerin zugesprochen gemäß dem Auftrag der Kirche, die Menschen von ihrer Gewissenslast zu befreien und ihnen zu einem neuen Anfang zu verhelfen.

VERGEBUNG DER SCHULD

Totensonntag

Kaiser Napoleon Bonaparte hatte mit Kriegen immer wieder versucht Europa zu beherrschen. Tausende Menschen starben dabei. Als die europäischen Verbündeten in den Befreiungskriegen (1813–1815) gemeinsam Napoleon besiegten, gelang dies wiederum nur unter großen Opfern. König Friedrich Wilhelm von Preußen ordnete 1816 an, den letzten Sonntag des Kirchenjahres allgemein zur Erinnerung an die Verstorbenen zu begehen.
Heute ist es am Totensonntag für evangelische Christen üblich, nach dem Gottesdienst die Friedhöfe zu besuchen und die Gräber zu schmücken.

DAS EVANGELISCHE ALLERSEELEN
Der Totensonntag heißt auch Ewigkeitssonntag, Christkönigsfest oder letzter Sonntag des Kirchenjahres.

Der zwölfte Monat im Jahr war ursprünglich der zehnte (lateinisch *decem*) Monat des alten römischen Kalenders. Heute ist der letzte Monat in unserem Kalender.

NAMEN FÜR DEN DEZEMBER

Die Namen Julmonat, Christmonat, Heiligmond oder Weihnachtsmonat beziehen sich alle auf das Weihnachtsfest. Wolfsmond wurde er genannt, weil er so dunkel ist und wie ein Wolf das Licht verschlingt.

Im Advent viel Schnee und Frost,
im Folgejahr viel Korn und Most.

Barbara im weißen Kleid
verkündet gute Sommerzeit.

Regnet es an Sankt Nikolaus,
wird der Winter streng und graus.

DIE NATUR IM DEZEMBER

Dieser Monat ist still und dunkel. Selten zwitschert ein Vogel, deshalb hört man nachts die Käuzchen besonders deutlich rufen. Tagsüber könnt ihr Bussarde stundenlang auf den kahlen Bäumen oder auf Pfählen und Zäunen sitzen und nach Mäusen Ausschau halten sehen. Und wenn die letzten Ameisen unter der Erde verschwinden, dann wird es wirklich Winter. Grashalme und Blätter sind mit Raureif wie mit Zuckerguss überzogen. Mit viel Glück schneit es um Weihnachten herum und der Schnee bleibt auch im Flachland liegen. Aber so richtig kalt und verschneit ist es meistens erst an Silvester.

Adventszeit

ADVENTUS, DIE »ANKUNFT CHRISTI«
Seit dem 8. Jahrhundert ist der Advent der Beginn des Kirchenjahres.

Früher war diese Vorweihnachtszeit eine zweite Fastenzeit im Jahr, die am Martinstag begann und am Weihnachtstag endete. Man wollte sich durch Buße und Gebet der Ankunft Christi würdig erweisen. Noch heute dauert die Adventszeit in Mailand, Italien, daher sechs Wochen.

Schon im 5. Jahrhundert galt der letzte Sonntag vor Weihnachten als besonderer Vorbereitungstag auf das Christfest, in Rom waren es sechs Sonntage vor Weihnachten. Papst Gregor der Große verringerte im 6. Jahrhundert die Zahl der Adventssonntage auf vier und Papst Pius V. setzte im 16. Jahrhundert die heutige Adventszeit für die gesamte Kirche fest. Nur in Mailand sind es immer noch sechs Sonntage.

DER ADVENTSKRANZ
Der erste Adventskranz hatte 24 Kerzen.

Der evangelische Theologe Johann Hinrich Wichern (1808–1881) betreute im »Rauhen Haus« in Hamburg Waisenkinder. Er entzündete 1838 zum ersten Mal jeden Tag im Advent eine Kerze. Später steckte er die Kerzen auf einen Holzkranz und umwickelte ihn mit Tannengrün. Zunächst übernahmen die evangelischen Familien diesen Brauch. 1925 hing zum ersten Mal ein Adventskranz in einer katholischen Kirche in Köln, 1930 in München. Inzwischen kennt man diesen Brauch auf der ganzen Welt, allerdings entzündet man heute nur vier Kerzen, für jeden Adventssonntag eine.

GRÜNE ZWEIGE UND ROTE KERZEN

Seit dem 14. Jahrhundert hat man immergrüne Zweige im Winter ins Haus geholt. Sie sollten Haus und Hof vor Schaden bewahren, denn ihre grüne Farbe bedeutete erwachendes Leben und Wiederkehr des Lichts. Im Winter, besonders in der Weihnachtszeit, bedeutet das Grün auch die Hoffnung auf Jesus als Gottes Sohn. Deshalb werden die Zweige von Fichte, Tanne, Wacholder, Ilex (Stechpalme), Efeu und Misteln für den Adventskranz benutzt.
Auch die Kerzen haben ihre Geschichte. Sie bringen in diesen dunkelsten Monat im Jahr das Licht. Schon im 14. Jahrhundert galten sie als Zeichen der Hoffnung auf eine hellere Zeit. Kerzen in der Adventszeit waren traditionell rot. Sie waren das Sinnbild für das Blut, das Christus für die Erlösung der Menschen vergossen hat. Deshalb sind viele Adventskränze auch noch mit roten Bändern verziert.

ADVENTSSINGEN
Dieser Brauch ist schon sehr alt.

In Süddeutschland und Österreich zogen früher die Schüler und Lehrer von Chorschulen durch Städte und Dörfer und sangen geistliche Lieder. Heute kann man an den vier Sonntagen im Advent im Fernsehen und Radio die berühmtesten und ältesten Knabenchöre der Welt hören, wie die Regensburger Domspatzen, die Wiener Sängerknaben oder den Dresdner Kreuzchor.

ADVENTSKALENDER

Warten ist langweilig. Um die Tage bis Weihnachten sichtbar zu machen, gibt es seit langer Zeit den Adventskalender.
Früher wurden in der Adventszeit nach und nach 24 religiöse Bilder aufgehängt. Im Alpenraum schnitt man für die Gebete oder guten Taten der Kinder jeden Tag eine Kerbe in ein Kerbholz. Es gab auch den Brauch, 24 Kreidestriche an die Tür zu malen. Jeden Tag durften die Kinder einen davon wegwischen. Oder man legte täglich einen Strohhalm mehr in die Krippe, in die dann die Christkindfigur gebettet wurde. Es gab auch eine Christkindleiter aus Holz oder Papier, von der das Christkind jeden Tag eine Sprosse tiefer auf die Erde herabstieg. Oder man hatte Kalenderkerzen, die man in der Adventszeit täglich bis zur Markierung abbrennen ließ, bis sie dann an Weihnachten heruntergebrannt waren. Auch der erste Adventskranz von Johann Hinrich Wichern war eigentlich ein Adventskalender.

ADVENTSKALENDER MIT TÜRCHEN

Als Gerhard Lang, der Gründer der Münchner Lithographischen Anstalt, noch klein war, bastelte seine Mutter ihm einen Adventskalender aus 24 nummerierten Kästchen auf einem Karton, von denen er täglich etwas Süßes abschneiden konnte. 1904 hatte er die Idee zu einem gedruckten Adventskalender. Dieser hatte jedoch noch keine Fenster. Er bestand aus zwei bedruckten Bögen, einer mit Bildern, einer mit Sinnsprüchen. Jeden Tag wurde ein Spruch vorgelesen und dann ein ausgeschnittenes Bild darüber geklebt.
Um 1920 kamen die ersten gedruckten Adventskalender mit Türchen zum Öffnen auf den Markt. Ab 1946 dann verbreitete sich der Adventskalender auf der ganzen Welt. Mit Schokolade gibt es ihn erst seit ungefähr 1958.

RIESIGE ADVENTSKALENDER

In manchen Gegenden wird eine Schule oder gleich ein ganzes Dorf zum Adventskalender. Jeden Tag schmückt eine andere Familie des Dorfes ein Fenster ihres Hauses auf besondere Weise. Das 24. Fenster wird meist von der Kirche übernommen. Oft steht in der Zeitung, welches Haus an einem bestimmten Tag sein Adventsfenster öffnen wird. Abends ist dann das beleuchtete Fenster ein Treffpunkt für alle. Es gibt Glühwein und Gebackenes und man singt zusammen Weihnachtslieder.

WEIHNACHTSMARKT

Überall finden in der Adventszeit Weihnachtsmärkte statt. Der berühmteste in der Welt ist wohl der Nürnberger Christkindlesmarkt. Es gibt ihn schon seit dem 17. Jahrhundert. Die Figur des Christkinds wird seit damals von einem Mädchen dargestellt.

4. Dezember: Tag der heiligen Barbara

Man ist sich heute nicht mehr sicher, ob es sie gegeben hat. Aber sie ist eine der beliebtesten Heiligen der katholischen Kirche. Die Legende um die heilige Barbara (3./4. Jahrhundert) ist erst im 7. Jahrhundert entstanden.
Barbara war eine schöne und intelligente Frau, die sich taufen ließ, ohne dass ihre heidnischen Eltern etwas davon wussten. Ihr Vater, der reiche Dioskurus von Nikomedia, ließ sie darauf gefangen nehmen und als Christin zum Tod durch Enthaupten verurteilen. Der Vater vollstreckte das Urteil selbst, aber ein Blitz traf ihn und er verbrannte.
Im Mittelalter betete man täglich zur heiligen Barbara um Schutz vor jähem Tod und als Beistand für Sterbende.

Barbara ist die Patronin der Bergleute, Architekten und Glockengießer, der Maurer, Zimmerleute, Dachdecker und Elektriker.

Die Legende erzählt, dass Barbara in der Gefängniszelle einen Kirschbaumzweig mit ein paar Tropfen aus ihrem Trinkgefäß benetzt hat. Es tröstete sie vor ihrem Tod, dass der Zweig zu blühen anfing. Nach dieser Legende schneidet man am 4. Dezember von Apfel- oder Kirschbäumen Zweige ab und stellt sie in eine Vase. Blühen sie am Weihnachtsfest, so ist das ein gutes Zeichen für die Zukunft.

MACH MIT: BARBARAZWEIGE

Wollt ihr auch mal Barbarazweige zum Blühen bringen? Man nahm sie früher als Orakel: Blühten sie an Weihnachten, gab es im nächsten Jahr eine gute Obsternte. Und die Mädchen gaben jedem Zweig den Namen eines Verehrers. Wessen Zweig an Weihnachten zuerst blühte, der würde vielleicht der zukünftige Ehemann werden.
So geht's: Schneidet von einem Obstbaum, am besten von einem Kirschbaum, ein paar Zweige ab. (Wenn euch der Baum nicht gehört, müsst ihr natürlich vorher fragen!!) Klopft die Stiele mit einem Hammer ein bisschen weich, bevor ihr sie in die Vase stellt, dann können sie besser Wasser aufnehmen.

BARBARALICHT

Die Knappen in den Bergwerken erhielten früher das »Barbaralicht«, das sie vor Unheil beschützte. Heute wird noch bei den meisten Bergarbeitervereinen und Geologischen Instituten eine Barbarafeier abgehalten. Seit 1969 ist ihr Tag aus dem Festkalender gestrichen, wie alle Gedenktage von Menschen, die nur aus Legenden bekannt sind.

6. Dezember: Tag des heiligen Nikolaus

DER BISCHOF VON MYRA

Nikolaus (um 280–350) ist ein Heiliger der Ost- und der Westkirche. Um sein Leben ranken sich sehr viele Legenden.
Nikolaus war Mönch im Kloster von Sion (heute Türkei), bevor er zum Bischof von Myra (heute Demre in der Türkei) geweiht wurde. Um 310 wurde er bei einer Christenverfolgung gefangen genommen und gefoltert. Er überlebte und nahm im Jahr 325 an der Versammlung der katholischen Kirche beim Konzil von Nizäa teil. Er ist der Patron von Russland und Lothringen, der Kinder und alten Menschen, der Pilger und Reisenden.

LEGENDEN

Die Legenden erzählen, wie er armen Familien half, denen er Geldgeschenke durch das Fenster warf, und zu Unrecht zum Tod Verurteilten, indem er im Traum dem Kaiser erschien und um ihre Begnadigung bat. Oder er rettete die zum Tod Verurteilten, indem er dem Henker das Schwert wegnahm. Er half auch einem Pilgerschiff, das in einen Sturm geraten war, indem er den Sturm besänftigte und das Schiff sicher in den Hafen brachte. Eine Legende berichtet, dass ein Metzger drei Jungen auf der Suche nach Arbeit in ein Pökelfass steckte und zu Wurst verarbeiten wollte. Nikolaus konnte sie jedoch wieder zum Leben erwecken.

BRAUCHTUM AM NIKOLAUSTAG

Im 6. Jahrhundert kam über Griechenland und die slawischen Länder die Verehrung des heiligen Nikolaus nach Westeuropa. Ab dem 8. Jahrhundert wurde er ein Volksheiliger, der durch seine Menschenfreundlichkeit sehr beliebt war. Im 10. Jahrhundert förderte Theophanu, die griechische Ehefrau des Kaisers Otto II., die Nikolausverehrung in Deutschland. In den Klosterschulen wurde es Brauch, dass am Nikolaustag ein Schüler den »Bischof« spielen durfte und alle auf ihn hören mussten. Damals begann man damit, die Kinder an diesem Tag zu beschenken.

NIKOLAUS UND SEINE HELFER

In fast allen europäischen Ländern kennt man ihn – den Mann im roten Mantel mit dem weißen Bart. Bei ihm ist eine dunkle Gestalt, die ihm hilft, den »braven« Kindern die Geschenke zu bringen oder die »bösen« mit der Rute zu bestrafen. Je nach Gegend heißt sie Knecht Ruprecht, Hans Muff oder Pelzmärtel, Rasselbocks, Klaubauf oder Krampus.
Schon am Vorabend des Nikolaustages stellen die Kinder Schuhe vor die Tür oder hängen lange Strümpfe auf, die über Nacht vom Nikolaus gefüllt werden. Früher klopfte der Nikolaus an diesem Abend auch an die Tür und forderte ein Gedicht. Danach erst gab es Äpfel und Nüsse, Spekulatius oder einen »Klasenmann« aus Hefeteig – oder gar die Rute!

VOM NIKOLAUS ZUM WEIHNACHTSMANN

Der ehemalige Bischof von Myrna (der sich darüber sehr gewundert hätte) wurde mit der Zeit zu einem pausbäckigen alten Mann mit rosa Bäckchen und weißem Bart. In Amerika bekam er sogar einen mit Geschenken beladenen Rentierschlitten und trug einen roten Mantel, mit dem er seit 1927 überall zu sehen ist.

Heutzutage ist der Nikolaus auf der ganzen Welt bekannt. Als »Père Noël«, »Father Christmas«, »Sinterklas« oder »Santa Claus« kommt er zu den Kindern in Frankreich, England, Holland und Amerika. Und als »Noel Baba« beschenkt er die Kinder in weltoffenen islamischen Familien.

Nikolaus erzählt

Als ich auf den Kalender sah,
rief ich: Ei, der verhexte!
Die Stiefel her! Die Zeit ist da!
Heut ist schon der Sechste!
Mein Schlitten brachte mich zum Pol
und mein Mercedes-Benz
entlang die lange Küste wohl
Westskandinaviens.

Und als ich hinterher zu Schiff
nach Deutschland hab reisen wollen,
ein Mensch nach meinem Sacke griff;
Hab'n Sie was zu verzollen?
Da riss mir die Geduld geschwind,
ich zog die Stirne kraus:
Mich kennt, du Schafskopf, jedes Kind.
Ich bin der Nikolaus.

Peter Hacks

Lasst uns froh und munter sein

Text und Melodie:
aus dem Hunsrück und dem Rheinland

2. Dann stell ich den Teller auf,
Nik'laus legt gewiss was drauf.

3. Wenn ich schlaf, dann träume ich,
jetzt bringt Nik'laus was für mich.

4. Wenn ich aufgestanden bin,
lauf ich schnell zum Teller hin.

5. Nik'laus ist ein guter Mann,
dem man nicht genug danken kann.

8. Dezember: Mariä Empfängnis

MARIENFEST
Es wird seit dem 10. Jahrhundert begangen und ist seit 1708 ein offizieller katholischer Feiertag.

Neun Monate vor Mariä Geburt (8. September) feiert die katholische Kirche dieses Fest der Unbefleckten Empfängnis Mariens. Es besagt, dass Maria schon vor ihrer Geburt im Leib ihrer Mutter Anna ohne Erbsünde war und damit würdig, Mutter Gottes zu werden. Noch heute ist es ein gesetzlicher Feiertag in Österreich.

BRÄUCHE ZU MARIÄ EMPFÄNGNIS

Früher sollten die Frauen an diesem Tag nicht arbeiten. Da das Weihnachtsfest aber immer näher rückte, begannen sie mit der Weihnachtsbäckerei. Dabei ging es nicht nur um Plätzchen, sondern auch um Brote, die die Familie bis zum Dreikönigstag verzehren würde. Man backte sie in der letzten Woche vor Weihnachten, denn in den zwölf Nächten der Weihnachtszeit wurde nicht gebacken.

13. Dezember: Tag der heiligen Lucia

Lucia (286–310) war eine vornehme Sizilianerin und gründete ein Kloster mit der Mitgift, die sie eigentlich in ihre Ehe hatte mitnehmen wollen. Sie versteckte verfolgte Christen und brachte ihnen zu essen. Dabei setzte sie sich in der Dunkelheit einen Lichterkranz auf den Kopf, damit sie beide Hände zum Tragen frei hatte. Ihr ehemaliger Verlobter war so zornig auf sie, dass er sie an die Christenverfolger auslieferte. Sie wurde hingerichtet.

Als während der Reformation der Heiligenkult verboten wurde, ersetzte man den beliebten Nikolaus kurzerhand durch das Christkind und verschob die Bescherung auf Weihnachten. Das Christkind wurde von einem weiß gekleideten Mädchen mit einem Lichterkranz im Haar dargestellt. In Schweden tauchte das weiß gekleidete Mädchen jedoch am Luciatag auf, der dort seit 200 Jahren ganz besonders gefeiert wird. Die älteste Tochter des Hauses, die »Lucienbraut«, geht am Morgen in einem weißen Kleid und mit einem grünen Lichterkranz im Haar durch das Haus. Sie wird von ihren Geschwistern begleitet. Zusammen wecken sie mit dem Lucialied ihre Eltern und alle Gäste im Haus.

DIE LUCIENBRAUT
»Luciakatzen« sind kleine Hefebrötchen mit Safran, Rosinen und Mandeln, ein schwedisches Gebäck.

21. Dezember: Winteranfang

Wenn am 21. Juni die Sonne ihren höchsten Stand erreicht hat, werden bei uns die Tage wieder kürzer. Am 21. Dezember, der Wintersonnenwende, ist dann der kürzeste Tag. Die Sonne erreicht an unserem Himmel den südlichsten Punkt, den Winterpunkt. Der Tag hat nur ungefähr acht Stunden und die Nacht dauert doppelt so lang. Der Winter beginnt. Am Nordpol ist jetzt die Polarnacht. Dort ist die Sonne bis zum 21. März nicht mehr zu sehen.

Auf der Südhalbkugel der Erde ist das genau umgekehrt. Am Südpol ist die Polarnacht zu Ende und in Australien, Neuseeland, Südamerika und Südafrika freut man sich über den längsten Tag. Die Menschen dort feiern Weihnachten im Hochsommer!

DER KÜRZESTE TAG BEI UNS IM NORDEN

WIESO GIBT ES JAHRESZEITEN? Die Erde bewegt sich auf ihrer Umlaufbahn schräg zur Sonne. Im Sommer ist unsere nördliche Halbkugel zur Sonne geneigt, im Winter zeigt sie weg von ihr. Wäre es nicht so, dann hätten wir keine Jahreszeiten. Jeder Ort auf der Welt würde das ganze Jahr über gleich viel Sonneneinstrahlung bekommen. Die Tage wären immer gleich lang. Auch Wärme oder Kälte blieben gleich, weil der Abstand zur Sonne sich nie verändern würde. Es wäre bei uns vielleicht nie kalt genug für Schnee. Oder nie warm genug, um ins Freibad zu gehen. Vielleicht gäbe es keine Frühlingsblumen oder keine Nüsse und Äpfel im Herbst! Welche Jahreszeit mögt ihr eigentlich am liebsten?

Es war eine Mutter

Text und Melodie: aus Baden

Der Frühling bringt Blumen,
der Sommer den Klee,
der Herbst bringt die Trauben,
der Winter den Schnee.

Und wie sie sich schwingen
im Jahresreigen,
so tanzen und singen
wir fröhlich darein.

Chanukka

Am 25. Kislew (November/Dezember) beginnt für die Juden das achttägige *Chanukka*- oder Lichterfest. Es ist das viertgrößte Fest und gehört zu den »freudigen Festen« Israels. Es erinnert an den Sieg des Judas Makkabäus und seiner Brüder über die »Seleukiden« und an die Wiedereinweihung des Tempels am 25. Kislew 165 v. Chr.

DAS LICHTERFEST
(hebräisch Chanukka = Einweihung)

(Seleukiden = in Syrien lebende Griechen)

Im 2. Jahrhundert v. Chr. wurde auch Palästina von Griechen aus Syrien beherrscht. Antiochus IV. wollte die Völker seines Reiches durch die griechische Kultur und eine einheitliche Religion vereinen. Die Juden mussten ihren einzigen Gott für die vielen Götter der Griechen aufgeben. Das Studium der Tora wurde mit dem Tod bestraft, die Zehn Gebote und das gesamte Glaubensgesetz für ungültig erklärt. Jüdische Feste, der Sabbat und die Opferungen im Tempel waren verboten. Der Tempelschatz der Juden wurde geraubt und ein Altar für den griechischen Gott Zeus aufgestellt.

GRÄUEL DER VERWÜSTUNG
Der Tempel der Juden wurde entweiht.

Judas Makkabäus und seine vier Brüder führten den Aufstand der Juden an und konnten das jüdische Land von den Feinden befreien. Acht Tage dauerte der Bau eines neuen Altares, bevor der Tempel eingeweiht werden konnte. Dafür brauchte man jedoch reines Öl, um die *Menora* zu entzünden.
Bei der Reinigung des Tempels war noch ein kleiner Ölkrug gefunden worden, der das unversehrte Siegel des Hohepriesters trug. Sein Inhalt war also nicht entweiht, reichte aber eigentlich nicht für die acht Tage des Einweihungsfestes aus. Wie durch ein Wunder brannten die sieben Lichtschalen der Menora jedoch bis zum letzten Tag des Festes.

DER ÖLKRUG

(Menora = siebenarmiger Leuchter)

DER CHANUKKALEUCHTER

Heute stellt man am ersten Tag des Chanukkafestes achtarmige Leuchter auf. An jedem Tag des Festes wird eine weitere Kerze angezündet, bis zuletzt alle acht Lichter brennen.

(hebräisch schamasch = Diener)

Ein kleineres neuntes Licht auf einem besonderen Arm des Leuchters wird dazu benutzt, die anderen anzuzünden. Man nennt es *schamasch*. Bestimmte Segenssprüche und Gesänge begleiten das Entzünden der Kerzen und solange sie brennen (mindestens 30 Minuten) wird nicht gearbeitet.

CHANUKKA UND WEIHNACHTEN

Wegen der unterschiedlichen Kalender fallen diese beiden Feste nur selten zusammen, haben sich aber trotzdem beeinflusst. Auch beim Adventskranz werden ja nacheinander Lichter angezündet. Eigentlich bekommen die jüdischen Kinder an Purim (Losfest) Geschenke, aber weil Weihnachten so nah ist, gibt es heute außer dem traditionellen kleinen Chanukkageld auch Geschenke für die Kinder in einer besonderen Familiennacht während des Festes.

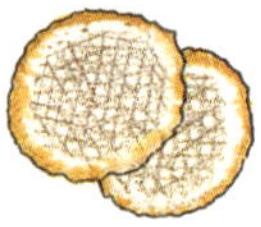

EIN KIND VERGLEICHT RELIGIONEN

Karin Levi schreibt »G''tt«, weil nach jüdischem Glauben der Name Gottes nicht beschreibbar ist und deshalb nicht niedergeschrieben werden soll.

G''TT DER WELT

Die Chanukkakerzen flimmern
gegenüber dem Weihnachtslicht.
Die Mazzot liegen auf dem Pessachtisch,
im Nebenhaus hängen Ostereier.
Die Purimkostüme werden vorbereitet
kurz nach der Faschingsfeier.
Die Omerzeit wird täglich gezählt
bis zum Schlusstag von Pfingsten.
Das Gebet für den Schabbatausgang wird gesagt
kurz vor der Sonntagsruhe.
Und wenn ich zur Synagoge gehe,
klingeln die Kirchenglocken.
Haben sie einen anderen G"tt?

Karin Levi

Weihnachtszeit

DAS FEST DER GEBURT CHRISTI

Unser Wort Weihnachten kommt aus dem Mittelhochdeutschen. *Ze wihen nahten* bedeutet »in den heiligen Nächten« und bezeichnet eigentlich die zwölf Nächte bis zum 6. Januar, die Raunächte. Im Jahr 325 beschloss das Konzil von Nizäa das Fest am 25. Dezember zu feiern.

ALTE KULTUREN

Damals traf das Fest auf eine Festzeit für viele Menschen. Im Julianischen Kalender fiel der Tag der Wintersonnenwende auf den 25. Dezember. Die antiken Kulturen hielten diesen Tag heilig: Die Ägypter feierten die Geburt des Gottes Horus durch die Muttergöttin Isis, die Griechen ehrten ihren Sonnengott Helios und in Rom feierte man den *Sol Invictus*, den »Unbesiegbaren Sonnengott«. Bei den Germanen wurde das Winterfest *Jul* gefeiert. Deshalb heißt Weihnachten in Skandinavien immer noch *Jultid*.

EIN ANDERER TERMIN

Am 6. Januar feiert zum Beispiel die Ostkirche in Russland noch heute Weihnachten.

Eigentlich hatte die junge christliche Kirche das Weihnachtsfest am 6. Januar gefeiert, dem Tag der »Erscheinung des Herrn« oder Epiphanias. Der 6. Januar galt damals in der christlichen Welt auch als Jahresanfang. Weihnachten und Neujahr wurden also zusammen gefeiert. Erst mit dem Gregorianischen Kalender 1582 gab es wieder einen eigenen Neujahrsfesttag am 1. Januar. Noch im Mittelalter war es üblich, sich in der Nacht zum Dreikönigstag und nicht am Weihnachtstag zu beschenken.

Tannengeflüster

Wenn die ersten Fröste knistern
In dem Wald bei Bayrisch-Moos,
Geht ein Wispern und ein Flüstern
In den Tannenbäumen los,
Ein Gekicher und Gesumm
Ringsherum.

Eine Tanne lernt Gedichte,
Eine Lärche hört ihr zu.
Eine dicke, alte Fichte
Sagt verdrießlich: Gebt doch Ruh!
Kerzenlicht und Weihnachtszeit
Sind noch weit!

Vierundzwanzig lange Tage
Wird gekräuselt und gestutzt
Und das Wäldchen ohne Frage
Wunderhübsch herausgeputzt.
Wer noch fragt:Wieso? Warum?
Der ist dumm.

Was das Flüstern hier bedeutet,
Weiß man selbst im Spatzennest:
Jeder Tannenbaum bereitet
Sich nun vor aufs Weihnachtsfest.
Denn ein Weihnachtsbaum zu sein:
Das ist fein!

James Krüss

WEIHNACHTSBRÄUCHE

Es ist kein Wunder, dass sich für ein so beliebtes Fest wie Weihnachten unzählige Bräuche entwickelt haben. Zum Teil gehen sie auf die Feste der älteren Kulturen zurück. Die junge christliche Kirche versuchte, wenn möglich heidnische Bräuche zu übernehmen. Christ zu werden bedeutete damals eine große Umstellung. Es fiel leichter, wenn heilige Tage und Bräuche »mitgenommen« werden konnten.

WEIHNACHTEN IN DEUTSCHLAND

Im deutschen Sprachraum wurde Weihnachten ab 813 zum kirchlichen Feiertag. Außerhalb der Kirche, also in der bürgerlichen Familie, wird es erst ab dem 14. Jahrhundert gefeiert. Dabei bilden der Heilige Abend, die Weihnachtsnacht und der Weihnachtstag eine Einheit. Früher nahm man am Heiligen Abend die letzte Fastenmahlzeit zu sich und besuchte die Mitternachtsmesse, die Christmette. Im Morgengrauen danach bekamen die Kinder ihre Geschenke. Am Weihnachtstag selbst besuchte man die Festmesse in der Kirche. Anders als heute war den Menschen bewusst, aus welchem Anlass Weihnachten gefeiert wurde. Mit möglichst vielen Geschenken hatte es nur am Rande zu tun.

24. Dezember: Heiligabend

DER HEILIGE ABEND

In Europa gehören zu Weihnachten sehr viele Bräuche. Jede Familie gestaltet das Weihnachtsfest anders. Am 24. Dezember, dem Heiligen Abend, wird der Tannenbaum geschmückt, das Festessen gekocht und die Weihnachtskrippe aufgestellt.

DIE WEIHNACHTSKRIPPE

Seit dem 11. Jahrhundert hat es einfache Darstellungen der Geburt Christi in Kirchen gegeben, aber die erste Weihnachtskrippe stand 1223 in der Kirche des heiligen Franziskus von Assisi (Italien). Früher hat man die Figuren von Advent bis Dreikönige so ergänzt und umgestellt, dass die biblische Weihnachtsgeschichte in Bildern entstand. Wer nicht lesen konnte, verstand trotzdem, was gemeint war.

KRIPPENSPIELE

In der Weihnachtsmesse wurden seit dem Mittelalter Krippenspiele mit Maskeraden und Musik aufgeführt. Sie wurden in der Reformationszeit verboten, aber heute gibt es sie wieder in vielen Gegenden besonders für die Kinder.

Das Weihnachtsevangelium nach Lukas (1–20)

Es begab sich aber zu der Zeit, dass ein Gebot vom Kaiser Augustus ausging, dass alle Welt geschätzet würde. Und diese Schätzung war die allererste und geschah zu der Zeit, da Cyrenius Landpfleger in Syrien war. Und jedermann ging, dass er sich schätzen ließe, ein jeglicher in seiner Stadt.
Da machte sich auch auf Joseph aus Galiläa, aus der Stadt Nazareth in das jüdische Land, zur Stadt Davids, die da heißt Bethlehem, weil er aus dem Hause und Geschlechte Davids war, damit dass er sich schätzen ließe mit Maria, seinem vertrauten Weibe, die war schwanger.
Und als sie dort waren, kam die Zeit, dass sie gebären sollte. Und sie gebar ihren ersten Sohn und wickelte ihn in Windeln und legte ihn in eine Krippe, denn sie hatten sonst keinen Raum in der Herberge.
Und es waren Hirten in derselben Gegend auf dem Felde bei den Hürden, die hüteten des Nachts ihre Herde. Und der Engel des Herrn trat zu ihnen und die Klarheit des Herrn leuchtete um sie; und sie fürchteten sich sehr.
Und der Engel sprach zu ihnen: »Fürchtet euch nicht! Siehe, ich verkündige euch große Freude, die allem Volk widerfahren wird; denn euch ist heute der Heiland geboren, welcher ist Christus, der Herr, in der Stadt Davids. Und das habt zum Zeichen: Ihr werdet finden das Kind in Windeln gewickelt und in einer Krippe liegen.«
Und alsbald war da bei dem Engel die Menge der himmlichen Heerscharen, die lobten Gott und sprachen: »Ehre sei Gott in der Höhe, und Friede auf Erden, und den Menschen ein Wohlgefallen!«
Und da die Engel von ihnen gen Himmel fuhren, sprachen die Hirten untereinander: »Lasst uns nun gehen nach Bethlehem und die Geschichte sehen, die da geschehen ist, die uns der Herr kund getan hat.«
Und sie kamen eilend und fanden beide, Maria und Joseph, dazu das Kind in der Krippe liegen. Als sie es aber gesehen hatten, breiteten sie das Wort aus, das zu ihnen von diesem Kinde gesagt war. Und alle, vor die es kam, wunderten sich über das, was ihnen die Hirten gesagt hatten.
Maria aber behielt alle diese Worte und bewegte sie in ihrem Herzen.
Und die Hirten kehrten wieder um, priesen und lobten Gott für alles, was sie gehört und gesehen hatten, wie denn zu ihnen gesagt war.

DER TANNENBAUM

1535 wurden im Elsass erstmals kleine immergrüne Bäume verkauft, die in den Weihnachtszimmern aufgehängt wurden. 1597 schmückten die Bremer Handwerkszünfte erstmals einen Christbaum. Ab 1800 gab es dann immer mehr Weihnachtszimmer, in denen ein geschmückter Baum stand. Wie beim Adventskranz steckte man ihm Lichter auf, damit er den dunkelsten Monat erleuchte. Papierblumen, Dörrobst und Süßigkeiten hingen an seinen Zweigen. Später wurden in der Adventszeit auch Nüsse und Zapfen vergoldet und Sterne aus Stroh oder Goldfolie gebastelt. In Spanien gibt es keinen Weihnachtsbaum, dafür aber eine Krippe.

WER BRINGT DIE GESCHENKE?

Ob Christkind oder Weihnachtsmann die Geschenke bringen, hängt davon ab, in welcher Gegend man wohnt: Im Norden Europas kommt der Weihnachtsmann, das Christkind etwa ab der Mitte Deutschlands. Sinterklas (6. Dezember) ist es in Holland, Väterchen Frost (31. Dezember) in Russland, Father Christmas in England, Père Noël (zu Neujahr) in Frankreich. Überall trägt die Figur des Weihnachtsmannes den roten Mantel, denn er ist aus der Nikolausfigur entstanden. In Italien ist es die (gute) Hexe Befana, die am 6. Januar den Kindern Geschenke bringt.

WEIHNACHTSBÄCKEREI

Christstollen, Lebkuchen, Printen, Hutzelbrote, Honigkuchen, Pfeffernüsse und vor allem Marzipan – alles, was mit Nüssen, Mandeln, Honig, Dörrobst und Rosinen zubereitet werden kann, liegt an Weihnachten auf dem Gabentisch. Jede Region hat ihre eigenen Spezialitäten. Anis, Pfeffer, Muskat, Nelken sind Gewürze, die früher kaum zu bezahlen waren, weil sie aus fernen Ländern kamen. Für das Weihnachtsgebäck waren sie gerade gut genug!

25. Dezember: Weihnachtstag

In der Nacht auf den 25. Dezember wurde eine mitternächtliche Messe gefeiert, denn Christus ist nach dem Lukasevangelium (Lk 2,8) in der Nacht geboren. Früher war es besonders schön (und spannend!), mitten in der Nacht in die erleuchtete Kirche zu gehen. Feierliche Weihnachtslieder wurden gesungen, die schon zum Teil seit tausend Jahren in dieser Nacht gesungen worden sind: »Nun sei uns willkommen, Herre Christ« aus dem Anfang des 11. Jahrhunderts ist das älteste Lied. Die Noten werden im Aachener Dom aufbewahrt. »Es kommt ein Schiff geladen« und »Es ist ein Ros' entsprungen« stammen aus dem Mittelalter. Die berühmtesten Lieder jedoch, die in viele Sprachen übersetzt worden sind (»Oh Tannenbaum« und »Stille Nacht«), sind erst 150 Jahre alt.

CHRISTMETTE
Heute hat es sich in den christlichen Kirchen immer mehr eingebürgert, die Gottesdienste schon am Nachmittag des Heiligen Abends zu feiern.

Im Morgengrauen kam man nach der Mette durchgefroren nach Hause, wo eine kräftige Mettensuppe, eine Fleischbrühe mit Nudeln oder Würstchen oder je nach Gegend anderen guten Sachen gegessen wurde. Dann gab es Bescherung für die Kinder zur Erinnerung an das Geschenk Gottes, das Christuskind.

NACH DER METTE

FESTMAHL UNTER DEM MISTELZWEIG

Weihnachtsgans, Weihnachtsschinken oder Karpfen – beim festlichen Weihnachtsmahl ist es in Europa am schönsten, wenn die ganze Familie um den Tisch sitzt. In England müssen einfach viele dabei sein, wenn der berühmte *Plumpudding* bläulich brennend hereingetragen wird.
Nach dem Essen kennt jedes Land andere Spiele: Man tanzt um den Weihnachtsbaum oder erzählt sich besonders gruselige Geschichten oder macht Ratespiele. In jedem Fall feiert die Familie fröhlich und ausgelassen. Und wenn man jemanden unter dem Mistelzweig antrifft, darf man ihn oder sie küssen!

26. Dezember: Tag des heiligen Stephan

DER STEPHANITAG

Der heilige Stephan war der erste Märtyrer des Christentums. Er wurde um 36 n. Chr. für seine christlichen Predigten öffentlich gesteinigt. Seit dem Mittelalter gehört er zu den meistverehrten Heiligen. Besonders deutsche und ungarische Könige förderten seine Verehrung. In Österreich und in der Schweiz heißt unser zweiter Weihnachtstag Stephanstag bzw. Stephanitag.

BRAUCHTUM
An diesem Tag durfte der Weihnachtsbaum geplündert werden!

Am Stephanstag wurden Pferde gesegnet und Pferdeknechte sowie Kutscher wechselten ihren Arbeitgeber. An diesem Tag geweihter Rotwein war ein Heilmittel. An Arme wurde Stephansbrot ausgeteilt und Kinder zogen von Haus zu Haus und baten um Gaben. In England heißt der Tag *Boxing Day* (*box* = Schachtel), denn die Mägde und Knechte der großen Häuser bekamen an diesem Tag ihre Geschenke. Auch die Lehrlinge zogen von Haus zu Haus und sammelten in einer Schachtel Geld.

Pilgerfahrt nach Mekka und Opferfest

DIE PILGERFAHRT NACH MEKKA

Die fünfte Säule des Islam ist die religiöse Pflicht, einmal im Leben eine Pilgerfahrt (*Hadschdsch*) nach Mekka zu unternehmen. Wer körperlich und finanziell dazu in der Lage ist, pilgert im letzten Monat des islamischen Jahres, dem Dhu'l-Hidschdscha, zur *Kaaba*. Über zwei Millionen Besucher sind es jährlich.

(arabisch Kaaba = Würfel)

DIE GROSSE MOSCHEE

Hier können 300 000 Gläubige gleichzeitig beten.

Die Moschee in Mekka hat 45 Tore und sieben 90 Meter hohe Minaretts. Der Innenhof ist 160 000 qm groß und von zweistöckigen Bogengängen umgeben. In der Mitte des Marmorbodens steht die Kaaba, der Mittelpunkt des Islam. Das leere Steingebäude ist fast würfelförmig und mit schwarzem Samt verhängt. In seine Richtung wenden sich Millionen von Muslimen auf der ganzen Welt bei ihren täglichen Gebeten. In der südöstlichen Ecke des Gebäudes ist ein heiliger schwarzer Stein eingemauert. Er soll ein Meteorit sein und gilt als Zeichen für die Verbindung zwischen Himmel und Erde. Bei ihrem siebenmaligen Umkreisen der Kaaba versuchen die Pilger diesen Stein zu küssen.

Die Legende besagt, dass der Stein am Jüngsten Tag Zeugnis für alle ablegt, die ihn als Mekkapilger geküsst haben.

PFLICHTEN IN MEKKA

Die Pilgerfahrt kann mehrere Wochen dauern. Jeder Muslim erfüllt während dieser Zeit bestimmte Pflichten. Unter anderem muss er sich vor dem Betreten der heiligen Orte waschen, weiße Pilgerkleidung anlegen und die Kaaba gegen den Uhrzeigersinn siebenmal umkreisen. Es sind mehrere Wanderungen zu heiligen Stätten in der Umgebung vorgeschrieben. Die Pilgerfahrt ist sehr anstrengend, aber die religiöse Belohnung dafür ist, von allen Sünden rein gewaschen zu sein und ins Paradies einkehren zu können.

DAS OPFERFEST
Im islamischen Jahr 1427 wird das Opferfest voraussichtlich am 31. Dezember 2006 gefeiert.

Das »Große Fest« des Islam ist das Opferfest in Mekka. Dieses höchste Fest beginnt am 10. Tag des Monats Dhu'l-Hidschdscha und dauert vier Tage. Die Gläubigen erinnern sich an die Bereitschaft Abrahams, seinen Sohn Isaak zu opfern, bis der Engel Gabriel ihm stattdessen einen Widder brachte. Die Opferung ist ein Bestandteil der Pilgerfahrt und wird gleichzeitig auch von Muslimen überall auf der Welt gefeiert. Einen Hammel als Opfer zu schlachten gehört zur Pflicht eines jeden Muslim, der es sich leisten kann. Er bringt damit wie Abraham seinen bedingungslosen Gehorsam gegenüber Gott zum Ausdruck. Ein Drittel des Fleisches verzehrt die Familie, zwei Drittel werden meist an ärmere Menschen verschenkt. Man besucht Freunde und Verwandte und die Kinder bekommen Geschenke.

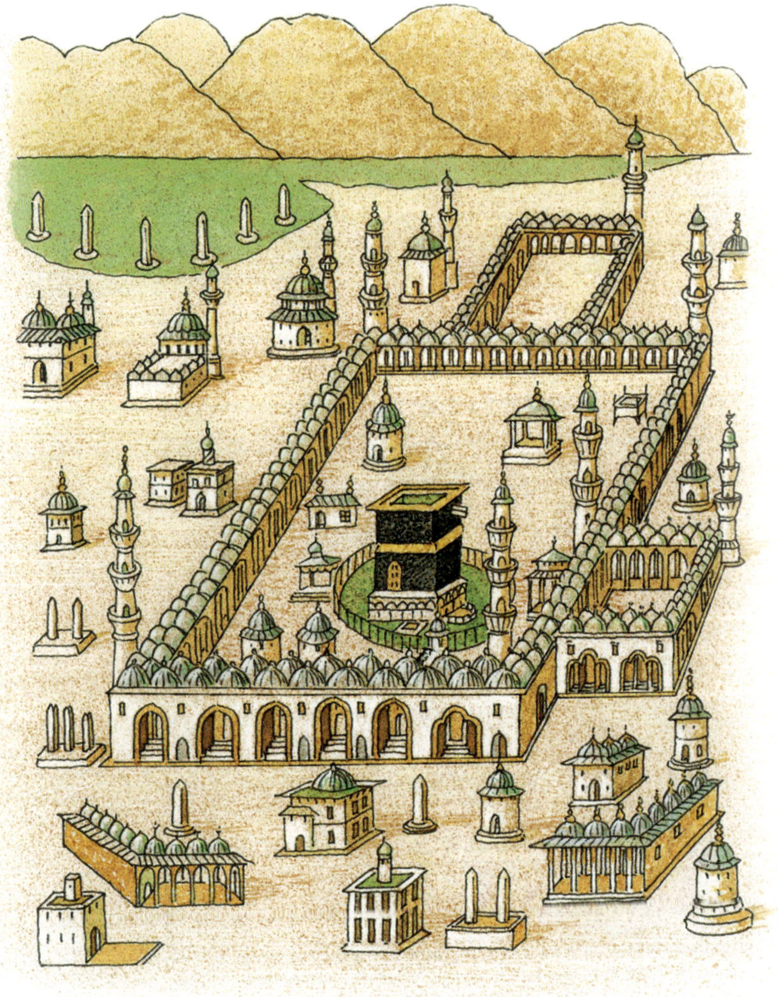

31. Dezember: Tag des heiligen Silvester

Silvester wurde 314 der erste Papst in Rom, nachdem im Jahr 313 die christliche Kirche von Kaiser Konstantin dem Großen anerkannt worden war. Er starb am 31. Dezember 335. Die Legenden um seine Person entstanden ab dem 5. Jahrhundert. Seitdem gibt es auch seinen Festtag.

SILVESTER
Er ist der Patron für ein gutes neues Jahr und schützt die Haustiere.

Das wichtigste Ereignis während seiner Amtszeit war das Konzil von Nizäa im Jahr 325, bei dem die neu anerkannte Kirche organisiert wurde. So wurde auf diesem Konzil entschieden, dass Ostern am Sonntag nach dem jüdischen Pessachfest gefeiert wurde und Weihnachten am 25. Dezember.

RAUNÄCHTE

Die zwölf Raunächte zwischen Weihnachten und dem Dreikönigstag sind besonders geheimnisvolle Nächte. Zu ihnen gehören auch der 24. Dezember, der 31. Dezember (Silvester) und die Nacht vor dem Dreikönigsfest (6. Januar). Die Tiere können in diesen Nächten sprechen. Die Raunächte haben auch große Bedeutung für die Zukunft, denn sie liegen alle um den Jahreswechsel herum. Früher versuchte man mit Rauchfeuern (deshalb auch »Rauchnächte«) die Zukunft zu deuten und gab dem Vieh geweihtes Brot, damit Unheil von ihm abgewendet würde. Die bösen Perchten trieben in den Alpenländern auch wieder ihr Unwesen.

SILVESTERBRÄUCHE In der Silvesternacht zwischen den Jahren werden böse Geister durch Krach vertrieben. Vermummte Gestalten ziehen durch die Dörfer und machen so viel Lärm wie möglich. Später gibt es dann ein Feuerwerk, auch um das neue Jahr zu begrüßen. Was man in der Silvesternacht träumt, geht in Erfüllung. Und wie das neue Jahr wird, erfährt man durch Wachs- oder Bleigießen. Wenn man vom Silvesteressen am Abend etwas bis ins neue Jahr hinein stehen lässt, dann geht das ganze Jahr über das Essen nicht aus. Dabei bringt besonders Erbsensuppe Reichtum und Segen. In vielen Familien ist der Silvesterpunsch üblich, der meistens nach einem alten Familienrezept zubereitet wird. Aber um zwölf Uhr nachts, wenn zwölf Monate herum sind und das neue Jahr die zwölf nächsten Monate bringt, dann wird mit Sekt angestoßen. Prosit Neujahr!

Zwölf mit der Post

Irgendwo am Ende der Welt ist eine Postkutsche an einer Grenzstelle vorgefahren. Die Tür öffnet sich und heraus steigen zwölf Fahrgäste – Frauen und Männer. Der Grenzbeamte lässt sich die Pässe geben und schaut dabei einen nach dem andern an. Zuerst kommt ein dicker Mann in einem Pelzmantel.

»Ich habe es sehr eilig«, sagt er. »Denn ich gebe viele Bälle, einunddreißig Tage lang. Im Pass steht mein Name.«

Der Nächste ist ein vergnügter kleiner Bursch. »Entschuldigen Sie«, stellt er sich vor, »ich bin etwas zu kurz geraten, nur achtundzwanzig Tage lang. Aber das Leben macht mir Spaß.«

Der dritte Herr sieht etwas mager und verfroren aus. Aber er trägt einen Veilchenstrauß im Knopfloch und lächelt still. Schon drängt ihn der Nächste mit einem Regenschirm unterm Arm beiseite.

»Warum ziehen Sie denn dauernd Ihre Jacke an und aus?«, will der Grenzbeamte wissen.

»Ach, wissen Sie, kalt und warm, auf und ab, Regen und Sonnenschein, das macht Vergnügen.«

Jetzt trippelt eine reizende junge Dame daher. Sie duftet nach Maiglöckchen und trägt einen Singvogel auf dem Hut.

»Danke, gnädiges Fräulein«, sagt der Beamte höflich und nimmt ihren Pass.

Die beiden Nächsten sind Geschwister: eine junge Frau und ihr Bruder. Sie haben wenig Gepäck bei sich, nur Badeanzüge und Sommersachen.

Dann schiebt sich eine dicke, gemütliche Frau heran. Sie ist Obsthändlerin, wie sie sagt, und besitzt eine Limonadenfabrik. »Arbeit und Brot macht die Wangen rot«, sagt sie und nickt dabei.

Der Nächste ist bestimmt ein Maler. Er hat einen grauen Mantel an und eine schwarze Mütze auf dem Kopf. Ein Farbkasten ist sein einziges Gepäck.

»Platz da!«, sagt ein Gutsbesitzer mit Hund und Gewehr und einer Tasche voller Nüsse.

Er erzählt dem Beamten etwas von der Landwirtschaft. Aber man kann kein Wort verstehen, weil der nächste Fahrgast ununterbrochen hustet und sich in ein riesiges Taschentuch schnäuzt. Der Arme kann kaum seinen Pass vorzeigen vor lauter Niesen. Ganz zuletzt steigt eine zarte alte Dame aus der Kutsche. Sie hat ein Gesicht wie ein Äpfelchen und strahlende blaue Augen. In der einen Hand hält sie einen Blumentopf mit einem Tannenbaum; mit der andern zerrt sie einen großen Koffer aus der Kutsche.

»Lauter Geschenke«, sagt sie. »Bis zum Weihnachtsabend ist der Baum groß. Dann wird er geschmückt. Dazu erzähle ich vom Stern von Bethlehem.« Die alte Dame lächelt vergnügt.

»Die zwölf können die Reise fortsetzen«, sagt der Hauptmann in der Wache, »aber immer nur einer auf einmal. Den Pass behalte ich. Er gilt für jeden einen Monat. Darf ich bitten?«

Hans Christian Andersen

Das Kirchenjahr

DER JAHRESKREIS Das Kirchenjahr kann man sehr gut in einem Kreis aufzeichnen. Deshalb nennen die katholischen Christen es auch Jahreskreis. Es beginnt mit dem ersten Adventssonntag und dem Weihnachtsfestkreis. Danach folgen der Osterfestkreis (Aschermittwoch bis Pfingsten) und die übrige Zeit, die »Zeit im Jahreskreis« bis zum Toten- oder Ewigkeitssonntag. Bestimmte Feste wechseln sich mit Zeiten ab, zu denen man an bestimmte Ereignisse im Leben Jesu denkt (Fastenzeit oder Advent). Alle übrigen Zeiten heißen »Jahreskreis«.

FARBEN IM KIRCHENJAHR Um was für ein Ereignis oder Fest es sich handelt, kann man an bestimmten Farben erkennen. In vielen Kirchen sind Altar oder Kanzel mit Tüchern in diesen Farben versehen. Die katholischen Priester tragen ein passendes Gewand:
Weiß für die Feste der Freude, wie Ostern und Weihnachten;
Rot für Pfingsten, die Feste der Märtyrer und den Reformationstag;
Violett für die Zeit der Buße und Vorbereitung (Buß- und Bettag, Advent und Fastenzeit);
Schwarz (und auch Violett) für die Trauer;
Grün für das Erntedankfest und für die übrigen Sonntage des Jahreskreises.

WEIHNACHTSFESTKREIS
OSTERFESTKREIS
ZEIT IM JAHRESKREIS/TRINITATISZEIT
ADVENT
WEIHNACHTEN
EPIPHANIAS – ERSCHEINUNG DES HERRN
ASCHERMITTWOCH
FASTENZEIT
PALMSONNTAG
KARWOCHE
GRÜNDONNERSTAG
KARFREITAG
OSTERN
CHRISTI HIMMELFAHRT
PFINGSTEN
DREIFALTIGKEITS-SONNTAG TRINITATIS
FRONLEICHNAM
SONNTAGE NACH TRINITATIS
ERNTEDANKFEST
REFORMATIONSTAG
ALLERHEILIGEN
ALLERSEELEN
BUSS- UND BETTAG
EWIGKEITS-SONNTAG
CHRISTKÖNIGSFEST
I II III IV V VI VII VIII IX X
A Ω
IHS
INRI

Die wichtigsten Feste im christlichen Kirchenjahr

KATHOLISCHES FESTJAHR

Weihnachtsfestkreis – Advent
1.–4. Adventssonntag

Weihnachtsfestkreis – Weihnachten
25.12. Hochfest der Geburt des Herrn
Fest der heiligen Familie
1.1. Hochfest der Gottesmutter Maria
6. 1. Hochfest der Erscheinung des Herrn

Sonntage im Jahreskreis
1. Sonntag: Taufe des Herrn
2. Sonntag im Jahreskreis
3.–5. (und 6.–8.) Sonntag im Jahreskreis

Österliche Bußzeit
Aschermittwoch,
1.–5. Fastensonntag

Karwoche
Palmsonntag
Gründonnerstag, Karfreitag, Karsamstag

Osterfestkreis
Hochfest der Auferstehung des Herrn, Ostern
Ostermontag
Weißer Sonntag
2.–6. Sonntag nach Ostern
Christi Himmelfahrt
7. Sonntag nach Ostern
Pfingsten (Hochfest), Pfingstmontag
Dreifaltigkeitssonntag
Fronleichnam (2. Donnerstag nach Pfingsten)

Zeit im Jahreskreis
9. Sonntag im Jahreskreis
Herz Jesu (3. Freitag nach Pfingsten)
10.–33. Sonntag im Jahreskreis
34. Sonntag im Jahreskreis,
Christkönigstag,
Letzter Sonntag im Jahreskreis

EVANGELISCHES KIRCHENJAHR

Advent
1.–4. Sonntag im Advent

Weihnachten
25.12. Weihnachten
1. Sonntag nach dem Christfest
1. 1. Neujahrstag, Tag der Beschneidung Jesu
6. 1. Erscheinung des Herrn, Epiphanias

Sonntage im Jahreskreis
1. Sonntag nach Epiphanias
Letzter Sonntag nach Epiphanias

Vor der Passionszeit
3.–1. Sonntag vor der Passionszeit

Passionszeit
Aschermittwoch
1.–5. Sonntag der Passionszeit

Karwoche
6. Sonntag der Passionszeit, Palmsonntag
Gründonnerstag, Karfreitag, Karsamstag

Österliche Freudenzeit
Tag der Auferstehung des Herrn, Ostern
Ostermontag
1. Sonntag nach Ostern
2. Sonntag nach Ostern, Misericordias Domini,
3.–5. Sonntag nach Ostern
Christi Himmelfahrt
6. Sonntag nach Ostern
Pfingstsonntag, Pfingstmontag
Trinitatis

Nach Trinitatis
1.–23. Sonntag nach Trinitatis
Buß- und Bettag
24. Sonntag nach Trinitatis,
Ewigkeitssonntag,
Letzter Sonntag im Kirchenjahr

Die wichtigsten Feste im jüdischen Mondjahr

MONAT (TAGE)	TAG	BEDEUTUNG DER FESTE IM JÜDISCHEN GLAUBEN	MONATE IM SONNENJAHR
Tischri (30)	1.–2.	**Rosch ha-Schana** (S. 133) Neujahrsfest, »Kopf des Jahres«	September/Oktober
	10.	**Jom Kippur** (S. 134) Versöhnungsfest	
	15.–22.	**Sukkot** (S. 151) Laubhüttenfest, Erntedankfest	
	23.	**Simchat Tora** (S. 152) Fest der Torafreude	
Marcheschwan (29)			Oktober/November
Kislew (30)	25.	**Chanukka** (S. 189) Lichterfest (acht Tage)	November/Dezember
Tewet (29)	3.	**Ende des Chanukkafestes**	Dezember/Januar
Schewat (30)			Januar/Februar
Adar (29)	14.	**Purim** (S. 35) Losfest	Februar/März

»Adar II« wird bei gebotenen Schaltjahren als Ausgleich zum Sonnenjahr eingefügt

Nissan (30)	15.–21.	**Pessach** (S. 46) Erinnerung an den Auszug aus Ägypten und Erntedankfest	März/April
	27.	**Jom ha-Schoa** (S. 62) Holocaust-Gedenktag	
Ijar (29)			April/Mai
Siwan (30)	6.–7.	**Schawuot** (S. 81) Wochenfest, Erntedankfest.	Mai/Juni
Tammus (29)			Juni/Juli
Aw (30)	9.	**Tischa be'-Aw** (S. 106) Der 9. Tag des Monats Aw, Fest der Tempelzerstörung	Juli/August
Elul (29)			August/September

Die wichtigsten Feste im islamischen Mondjahr

MONAT	TAG	BEDEUTUNG DER FESTE IM ISLAMISCHEN GLAUBEN
(29 oder 30 Tage)		Die Feste im reinen Mondjahr (354 Tage) verschieben sich im Sonnenjahr (365 Tage) um 10–11 Tage rückwärts. Sie werden jedes Jahr neu auf das Sonnenjahr umgerechnet. Ein Vergleich der Monate ist nicht möglich.
Muharram		Heiliger Monat
	1.	**Neujahrsfest** (Seite 13)
	10.	**Aschura-Fest** (Seite 14)
		Versöhnungsfest; Trauertag für die Schiiten
Safar		Unglücksmonat
		12 000 Propheten, die Mohammed vorausgingen, sollen in diesem Monat gestorben sein.
Rabi al-awwal	12.	**Maulid** (Seite 69)
		Geburtstag des Propheten
Rabi ath-thani		Keine wichtigen Feste
Dschumada'l-ula		Keine wichtigen Feste
Dschumada'l-achira		Keine wichtigen Feste
Radschab	27.	Heiliger Monat
		Himmelsreise des Propheten (Seite 119)
Schaban	15.	Heiliger Monat. **Nacht der Freisprechung** (s. Seite 135)
Ramadan		Heiliger **Fastenmonat** (Seite 153)
		4. Säule des Islam
		In der **Nacht der Bestimmung** im letzten Drittel des Monats ist Mohammed von Gott der Koran offenbart worden. (Seite 154)
Schawwal	1.–3.	**Fest des Fastenbrechens** oder **Zuckerfest** (Türkei).
		»Kleines Fest« (Seite 171)
Dhu'l-qada		Der »leere Monat« ohne Feiertag
Dhu'l-Hidschdscha	10.	**Pilgerfahrt nach Mekka** (Seite 199)
		5. Säule des Islam
		Opferfest (Seite 200)
		»Großes Fest«

Lieder, Gedichte, Spiele und Geschichten durch das Jahr

Stichwortliste

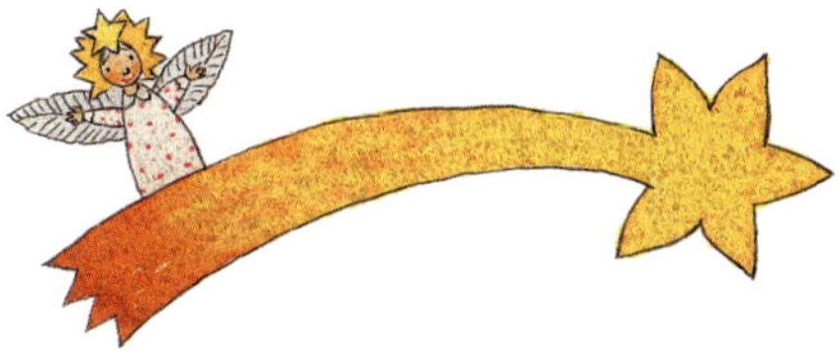

Quellenverzeichnis

GEDICHTE UND GESCHICHTEN

Hans Christian Andersen,
Zwölf mit der Post. Aus: Radel (Hrsg.), Vorlesebuch vom Winter: Originalausgabe als Anthologie erschienen als Ravensburger Taschenbuch. Mein erstes Taschenbuch Band 6042, © 1987 Ravensburger Buchverlag Otto Maier GmbH.

Achim Bröger,
Wenn das alle Bäume tun würden. Aus: Ders., Mein Vorlesebuch, © 2004 by Thienemann Verlag (Thienemann Verlag GmbH), Stuttgart – Wien.

Peter Hacks,
Der Herbst steht auf der Leiter. Aus: Ders., Der Flohmarkt, © Eulenspiegel Verlag, 2001.
Nikolaus erzählt, @ Eulenspiegel Verlag, 2003

Ilse Kleberger,
Sommer. Aus: Hans-Joachim Gelberg (Hrsg.), Die Stadt der Kinder, © Beltz & Gelberg Verlag, Weinheim und Basel.

James Krüss,
Tannengeflüster/Ameisenkinder. Aus: Ders., Der wohltemperierte Leierkasten, © 2001 C. Bertelsmann Jugendbuch Verlag, München, ein Unternehmen der Verlagsgruppe Random House GmbH.

Christiane Kutik,
Erntedank. © 1987 Verlag Freies Geistesleben.

Karin Levi,
G"tt der Welt!. Aus: Kinderwelten, ©Verlag Roman Kovar.

José Antonio Millán,
Die kleine Geschichte, die ein großes Buch werden wollte. © 1999 C. Bertelsmann Jugendbuch Verlag. Die Originalausgabe erschien 1993 unter dem Titel »El pequeño libro que aún tenía nombre«.
Für das spanische Original: © 1992 José Antonio Millán. Abdruck mit freundlicher Genehmigung von RDC Agencia Literaria, Madrid, und der Literarischen Agentur Silke Weniger, München.

Rudolf Neumann,
Feste feiern. Aus: Hans-Joachim Gelberg (Hrsg.), Die Stadt der Kinder, © Beltz & Gelberg Verlag, Weinheim und Basel.

Eva Rechlin,
Muttertagsgedicht. © Autorin.

John Saxby,
Im Schnee. Aus: Ders., Die Abenteuer von Eduard Speck. Aus dem Englischen von Sybil Gräfin Schönfeldt. Mit farbigen Bildern von Wolf Erlbruch. © 1993 Carl Hanser Verlag, München-Wien.

Rolf Zuckowski,
Stups, der kleine Osterhase, © Mit freundlicher Genehmigung MUSIK FÜR DICH Rolf Zuckowski OHG, Hamburg.

LIEDER

Paula Dehmel (Text), **Karl Marx** (Melodie), Rumpumpels Geburtstag. Aus: Klavierbüchlein fuer Peter (BA 1428) © Bärenreiter-Verlag. Kassel.

Paul Hermann, (Text) Es ist für uns eine Zeit angekommen. Schweizer Sterndrehermarsch (Melodie), © Voggenreiter Verlag, Bonn.

Bibliografische Information der Deutschen Nationalbibliothek
Die Deutsche Nationalbibliothek verzeichnet diese Publikation in der Deutschen Nationalbibliografie; detaillierte bibliografische Daten sind im Internet über http://dnb.d-nb.de abrufbar.

Erschienen bei FISCHER Sauerländer

Printed in Slovakia

ISBN 978-3-7373-6417-1
www.sauerlaender.de
Alle Bücher von FISCHER:
www.fischerverlage.de

FSC
www.fsc.org
MIX
Papier aus verantwortungsvollen Quellen
FSC® C084279

Die Allerletzte Seite

Feste feiern

Man sollte öfter mal Feste feiern,
und nicht erst, wenn eins fällt.
Man kann sie ohne Gäste feiern
und ohne Geld.

Ein hübsches Fest heißt: Freunde-Suchen.
Ein lustiges heißt: Lachen-Fest.
Es gibt das Fest der Pflaumenkuchen;
das Drachenfest.

Ich könnte euch noch viele nennen,
doch hoff ich, ihr versteht:
Man muss auch grundlos feiern können,
wenn's sonst nicht geht.

Rudolf Neumann